保育実践力アップシリーズ 3

記録を書く人 書けない人

楽しく書けて保育が変わるシナリオ型記録

加藤繁美 著
Kato Shigemi

ひとなる書房

●はじめに

　この本は、タイトルを見るとわかるように保育実践記録について書いたものです。したがって、当然のことながら「保育実践記録を書こう！」という主張が随所に登場してくることになります。

　もちろん、著者である私としては、本を手にした保育者が、読み終えたその瞬間から「記録を書きたくて仕方ない」という衝動に駆られてくれることを期待しながら書き進めていったのですが、現実がそんなに甘くないことは、十分に承知しています。

　実際、これまでだってそうでした。「実践記録を書こう」という私の呼びかけに、多くの保育者は、かなりの緊張感を持ちながら応じてくるのです。そして、いざ書いたものを発表する段階になるとその緊張はピークに達し、記録を書いて議論しあう営みは、保育者にとって相当なエネルギーを要する活動となってくるのです。つまり、「できたら避けたい実践記録」と思わず言いそうになってしまうのが、本書がテーマにしている保育実践記録と保育者のリアルな関係になっているのです。

　おそらくそうした現実の背景には、保育者たるもの、常に正しい実践を、正しい保育者―子ども関係の下に展開しなければならないというプレッシャーのようなものが、無意識の内に働いてしまっていることがあるのだろうと思います。そして実践記録は、そうやって展開する自分の保育実践の正しさを証明するものと考えるから、記録を書く手に、思わず緊張が走ってしまうのです。

　しかしながら本来、<u>実践記録はもっと気楽に、日常的な営みとして書いていくものなのです</u>。つまりそれは、<u>自らの実践の正しさ（正当性）を主張するために書くものでもなければ</u>、<u>実践した自分を懺悔するように反省するために書くものでもない</u>のです。

> 記録を書くと、子どもが愛おしくなってくる。
> 記録を書くと、保育が楽しくなってくる。
> 記録を書くと、何かが始まる予感が湧いてくる。

　実践記録を書き続けていくことで、こんな感覚が保育者の中に広がっていけばいいと思います。そして子どもの声が保育実践をつくりだす出発点になり、保育実践をつくりだす営みに、子どもたちが参画するように実践が変化していくとステキだと思います。

　<u>記録を書くことが重要なのではありません。子どもとの間に対話的な関係をつくりだし、「対話する主体」に子どもたちが育っていくことが重要なのです。</u>ただ、そうした「対話する保育」をつくりだそうとすると、実践記録を書く営みがどうしても必要になってくるということなのです。

　本書をきっかけに、保育実践の現場で記録を書く営みが日常的に、さりげなく展開され、子どもと「対話する保育」が豊かに創造されていくことを期待します。

記録を書く人　書けない人

1 Chapter ❶　7p
実践記録ってなあに？

1　できたら避けたい実践記録　8
2　実践記録って、いったい何ですか？　10
3　「真実」は実践の「事実」の中にある　14
4　記録を子どもの視点で読み直すと　22
5　保育理論と保育実践が結びつくとき　24
6　質を高めるために実践記録が有効なわけ　26

2 Chapter ❷　29p
やってみよう！シナリオ型実践記録

1　記録がもつ4つの効用　30
2　それでも書けない実践記録　32
3　記録が書けない保育者の3つのタイプ　34
4　シナリオ型実践記録が育てる保育者の直感的応答力　40
5　「経験による直感」を確かなものにする　48
6　子どもとつくる保育に道をひらく　52

Chapter ❸　55p
3 子どもの声をどう聴きとるか

1　子どもの声を聴きとる教育学　56
2　保育者に子どもの声はどう聞こえているのか　60
3　保育者の目が曇るとき子どもが見えるとき　66
4　「聴きとる保育」に潜む5つの危険性　70
5　記録に表れる無意識の管理主義　73

Chapter ❹　77p
4 記録を書くと保育が変わる！

1　実践記録を大切にする世界の保育　78
2　「ふりかえり」を重視する日本の実践記録論　82
3　保育実践に変化を望まない消極性　保育を変える記録のちから①　84
4　根気よく受け止め、子どもの心が見えてくる　保育を変える記録のちから②　88
5　偶然の出会いが教えてくれる保育の本質　保育を変える記録のちから③　95
6　記録は「次にどうするか」を教えてくれる　保育を変える記録のちから④　101

Chapter ❺　107p

読みたくなる記録
伝わる記録

1　「小さな物語」がつながっていくとき　108
2　日々の実践を「大きな物語」につなげるポイント　110
3　クラスだよりの面白さと可能性　119
4　カギは共感的メッセージと見出しにあり　123

Chapter ❻　125p

「小さな物語」を「大きな物語」へ

1　「大きな物語」にある2つの側面　126
2　「日記としての記録」を「子どもの育ちの物語」へ　128
3　カクレンボ遊びの中に現れた「子どもの育ちの物語」　134
4　「子どもとつくる保育」を「保育実践の物語」に　140

保育実践の物語1　ダンゴムシの不思議と出会って　144
保育実践の物語2　ひまわり組のおたのしみ会　156

Column
①実践記録に人間変革への熱い思いをこめて　13　②実践記録としての口頭詩　21
③参画する子どもの権利と実践記録　54　④パウロ・フレイレに学ぶ対話の教育学　59
⑤実践記録を活かす保育の条件―権利としての実践記録―　81

Chapter 1

実践記録って
なあに?

実践記録ってなあに？

1 できたら避けたい実践記録

　教育実践記録が「教師の生活綴方」（次頁下＊を参照）だと言われるように、保育実践記録は「保育者の生活綴方」という性格を持っています。つまり、子どもたちとの間でつくりだされる保育実践の事実について、自分の目で見、肌で感じ、心でとらえた内容を、ありのままに綴ったもの、それが保育実践記録なのです。

　この本の中では、そんな実践記録を日常的に書き続け、保育実践の中核部分に実践記録を位置づける必要性を提案しているのですが、こうした提案をするときまって、保育者たちから反論が寄せられることになってくるのです。

　「記録を書く意味（意義）は分かっているんですが、記録をまとめる時間がないんです。」

　こんなことを堂々と語る保育者は、おそらく実践記録を書く本当の意味（意義）が分かっていないのだろうと思います。

　「実践記録を書く時間があったら、それを子どもとの関係づくりに回した方が、うんと意味があると思います。記録を書くことより、子どもを育てることにエネルギーを注ぐべきだと思います。」

　こう語る保育者は、おそらく子どものことが大好きなのでしょう。しかしながらそれでも、保育者の「主観」に左右されがちな保育実践の質を高めていくために、実践記録が大きな力を持つことを、正しく認識できていないのだろうと思います。つまり、時代が求める保育実践の質に応えてい

くうえで、実践記録を書く営みが必須の要件になるということが、正しく認識できていないのです。

もちろん、ただ記録を書けばいいというわけではありません。意味ない記録を書き続けることほど空しいことはないのです。

大切なのは記録を書き続けることではなく、「質の高い実践記録」を書き続けていくことにあるのです。そして、その記録をもとに、保育実践を日常的に語りあっていく努力の中に、じつは豊かな保育実践をつくりだしていくカギが潜んでいるのです。

しかしながら、それでは「質の高い実践記録」とは、いったいどのような記録をいうのでしょうか。そして、どうやったらそんな「質の高い実践記録」を書けるようになるのでしょうか。

じつはそれがわからないから、多くの保育者が実践記録を書くことに抵抗を感じているのでしょう。そしてその結果、「できたら避けたい実践記録」という気分だけが、保育実践の場に広がることになっているのだと思います。

ということで、さっそく「質の高い実践記録」を書く方法について考えていくことにしたいと思うのですが、その前に、実践記録について論じる際よく寄せられる、「実践記録に関する素朴な質問」に答えることから議論を開始していくことにしましょう。

＊「生活綴方」を現代風に言い直せば「生活作文」ということにでもなるのでしょうが、日本の「生活綴方教育」は、「作文教育」を超えた思想と実践をもちながら発展してきた歴史があります。

現実をありのままにみつめ、ありのままに表現しあう営みを通して、「自由な人間のリアルな認識能力を育てる」（小川太郎『生活綴方と教育』明治図書、p.39）ことを目標に展開される教育実践体系、それが生活綴方教育にほかならないのです。

教育実践記録を「教師の生活綴方」と呼んだのは勝田守一ですが、保育者・教師が自分の実践をありのままにみつめ、それを実践記録にまとめる営みを大切にしてきたのは、そんな伝統に基づいているのです。

実践記録ってなあに？

2 実践記録って、いったい何ですか？

　実践記録について議論する際、次に紹介するような素朴な質問が寄せられることが、時々あります。

> 　保育園で働いています。園長先生の方針で、今年から「実践記録」を書いて、それを基に園内研修をすることになったんですが、「実践記録」っていったいなんですか？　実践を記録したものってことはわかるんですけど、いったい何を、どう書けばいいのかわからなくって……。その場で質問するのも恥ずかしくて聞けなかったんですけど、そもそも「実践記録」ってどんなものをいうんですか。教えてください。（保育経験２年・Ａ）

　じつは、こんな質問、意外と多いんです。保育の中で当たり前のように使われている言葉だから、それを知らない（わからない）と口にすることに、なんとなく躊躇する気持ち、わかるような気がします。
　実際、どんな人でも、自分の経験したことを基準に考えるしかないのです。だから、学生の時に書いた実習（記）録、日常的に書いている日誌、保護者向けに書いている「おたより」と、とにかくこれまで書いたことのある「実践の記録」に関する記憶を総動員しながら、自分なりに「実践記録」のイメージをつくり上げ、それぞれの保育者が自分流の記録を書くことになっていくのです。
　つまり、「実践記録」を書くという営みは、いまだ日本の保育実践のスタンダード（一般的なあり方）になっていないというのが現実なのです。そしてそれゆえ、自分で意識して「実践記録」をまとめたことのない保育者のほうが圧倒的に多いというのが、実際の姿なのだと思います。
　そこで、保育の中で書かれる実践記録を分類する作業から、まずは始め

実践記録の種類と形態

実践記録の種類	具体的な記録の形態
A　計画としての記録	教育課程・保育課程・年間保育計画・期の計画 月間保育計画（月案）・週間保育計画（週案）・日案
B　公簿としての記録（1）	園日誌・保育日誌
C　日記としての記録	実践のエピソード・保育者の思い等を記した記録
D　メッセージとしての記録	園だより・クラスだより・連絡帳【保育エッセイ】
E　公簿としての記録（2）	幼稚園幼児指導要録・保育所児童保育要録・認定こども園こども要録
F　保育実践記録	子どもの発達の物語・実践創造の物語

てみることにしましょう。

　少し見慣れない分類かもしれませんが、保育実践の中で大切にされている記録を6種類に分類してみました。
　6種類に分類した実践記録のうち、Aの「計画としての記録」と、Dの「メッセージとしての記録」に関しては、実践記録の仲間に入れて考えないことのほうが一般的かもしれません。
　たしかにこれらは、そもそも文書にまとめる動機が「記録」する点にあるわけではないのですから、こうした疑問が出てくることは、ある意味で当然のことなのかもしれません。しかしながら、保育の実相（実際の様子）を「記録」していこうとすると、事前の計画としてまとめられた「計画としての記録」が、やはり大切な「記録」として機能していくことになっていくのです。
　ただしこの「計画としての記録」は、保育実践記録の中核（中心）部分を構成しているわけではありません。「記録」を論じるにあたって、あくまでも補助的な存在として、「計画としての記録」は考えておけばいいと思います。
　さてそれでは、どの記録が中核部分を構成しているかというと、やはりそれはCの「日記としての記録」と、Fの「保育実践記録」ということになるでしょう。

「日記」というのはあくまでも比喩的表現ですが、まるで「日記」でも書くような雰囲気で保育の日常を記していく、そんな記録だと考えておけばいいでしょう。保育実践を展開していく過程で、保育者が感動したこと、発見したこと、驚いたこと、不思議に思ったことを、素直な言葉で綴ったもの、それが「日記としての記録」です。

　もちろん、この「日記としての記録」と似たものに、「保育日誌」を柱とする「公簿としての記録（1）」があることは事実です。園によっては、「保育日誌」に「日記としての記録」の要素を持たせていることも、私自身よく知っています。

　しかしながらこれらは、とりあえず別のものとして扱いたいと思います。

　理由は大きく言って二つあります。

　一つは、「保育日誌」は公的記録ですから、私的な感想や思いを書き込むことは避け、公簿にふさわしい必要最低限の内容を書くべきだと考えるからです。

　あと一つは、日によって書く内容や量の異なる「日記としての記録」は、それぞれの保育者が自由に選択した様式で書くほうが意味があると考えるからです。

　重要な点は、こうして書きためた「日記としての記録」を、ある段階でつなげて「保育実践記録」にまとめることにあります。一人の子どもに焦点を当てて「子どもの発達（育ち）の物語」にまとめたり、一つの活動が生成・発展していく過程を「保育実践の物語」として整理したりしていくのです。そしてそうやって整理したものが、Fの「保育実践記録」になっていくのです。

　じつはそうやって「保育実践記録」をまとめていく際、意外にも重要な役割を果たしていくのが、Dの「メッセージとしての記録」です。誰かに伝えるために書かれた記録の中には、その実践の過程で保育者が感じた「物語」が整理されているのです。

　そしてこれらの記録がつなげられ、まとめられる形で整理された「子どもの発達（育ち）の物語」と「保育実践の物語」の中に、実践の本質部分が表現されることになるのです。

1　実践記録に人間変革への熱い思いをこめて

　これは実践記録に限ったことではありませんが、自分の思いを文字にのせて表現する営みは、けっして楽なことではありません。

　「話し言葉」の場合は、相手の理解に支えられ、相手の言葉に救われながら、相互の理解を深め（たつもりにな）ることが可能ですが、「書き言葉」の場合はそうはいかないのです。

　「書き言葉」の対話相手は自分しかいないわけですから、思考する主体としての自分だけを頼りに、書く作業は行っていかなければならないのです。自分の内部で思考がまとまらなければ記録は書けませんし、書いている途中に思考した世界が消えてしまっても、記録は崩壊してしまいます。

　書き言葉は思考を綴ったものだと言われますが、まさに「書くこと」は、自分の頭の中を世間にさらけ出すことを意味しているのです。

　子どもたちの書く綴方（作文）を大切にし、自らの教育実践を綴ることを厭わなかった一人の生活綴方教師が、そんな思いを一篇の詩にしたためています。「人はなぜ書くのか」という問題に正面から向き合った、心に響く、不思議な力を持った詩です。

　保育実践記録を書く保育者に、ぜひ読んでほしい詩でもあります。

　　　鉄筆のうた
　　　　　　ふかさわ　よしあき

ものをかくことへの抵抗は、
自分をさらけださなければならないところからくる。
ものをかくことのくるしさは、
自分をごまかすことのできないところからくる。
ものをかくことのつらさは、
自分の思考をまとめることの未熟さを思い知らされるところからくる。
だが、人間が人間であることの尊厳を失わないためには、
こうしたことに耐えなければならない。
人間は、自らの意思で、
自分を昨日とちがった人間につくりかえていく努力を、
死ぬまで続けていかなくてはならない。
そうでないかぎり、ひとは、ものをかくことの喜びを知るどころか、
ものをかけないことの悲しさにさえ、ついに気づかないまま朽ち果てるであろう。
ものをかくということは、
人間変革の原点を探り確かめるためのものだということに、
熱い思いをこめよう。

実践記録ってなあに？

3 「真実」は実践の「事実」の中にある

　実践記録を書く最大の意味は、保育者が書いた記録の中に、実践の本質部分（真実）が映しだされる点にあります。そしてそうやって記述された実践記録を見ることによってのみ、保育実践の真実に出会うことができるのです。

　つまり、保育実践の<u>真実</u>は高邁な保育理論の中にあるのではなく、保育者と子どもの間で繰り広げられる実践の<u>事実</u>の中に存在しているということなのです。

　たとえば次に紹介するのは、保育者になって1年目のS保育士が綴った実践の記録です。2歳児クラスを担当し、奔放に活動する2歳児たちに手を焼きながら、それでも懸命に関係づくりに励もうとする保育者の思い（願い）が、率直な言葉で記された記録です。

　記録に登場するのは、2歳児クラスのヨシキ君（3歳5ヵ月）とノブ君（3歳4ヵ月）。二人の担任になったS先生は、この仲良し二人組といい関係をつくりたいと、懸命の努力を重ねていくのですが、二人と心が通い合う瞬間を得ることができないまま、半年の月日が流れていったというのです。

　そのあたりの関係を、まずS先生は次のように記しています。

　4月当初から、大人をみてふざける姿がみられた二人であるが、6月頃には落ち着いていた。新人ということもあり、どのように声掛けすれば寝てくれるのか悩んでいた。そんな思いを先輩の保育士に相談すると、「今は寝る時なんだ」と、大人が譲れない「壁」を作って対応すると良いというアドバイスをいただいた。先輩のアドバイスどおりやってみると、しだいに落ち着く場面が出

てくるようになってきた。

　じつはS先生、自分には手の負えないノブ君やヨシキ君と、他の先輩保育者たちが自然に対応している姿に「焦り」のようなものを感じ、そんな不安な気持ちを相談したことがあるというのです。そしてそこで受けたアドバイスが、「大人が譲れない『壁』を作って対応すること」だったのですが、最初はうまくいっていた「壁」作戦が、だんだん通用しなくなってきたというのです。

　運動会が終わり、さらに開放的になっていくヨシキ君・ノブ君に手を焼くS先生の姿が、S先生の書いた「日記としての記録」の中には、S先生の率直な言葉とともに描きだされています。記録は、大きく３つのシーンに分かれます。

シーン 1

「昼寝をしない」と抵抗を続けるヨシキとノブ

（2歳児クラス・10月）

　眠る気持ちになれずゴロゴロしだすヨシキ。そんなヨシキに笑いかけるノブ。嫌な感じがしたが、他の子が眠りにつきそうなので、近くで様子を見守っていると……。

ノブ　　立ち上がってティッシュを取って動き回る。

ヨシキ　ノブを見て立ち上がり、同じようにティッシュを取ってノブと笑いあう。

保育者「ノブちゃん、ヨシキちゃん！　もう寝る時間だから、ティッシュ捨ててお布団でゴロンして！」

　ノブとヨシキは互いに顔を見たあと、扉の前に移動して座り、再度顔を見合わせる。

保育者「ノブちゃん、ヨシキちゃん！」

と声をかけて近づくと、片方の鼻の穴にティッシュを突っ込んで笑いあっている姿が……。さすがに「これは」と思い、二人を扉の外に連れ出す。

　ノブとヨシキは、そんな私の行動に動じることなく、しばらく動き回った

後、二人でお山座りをして、扉の外で待っていた。二人が座っているのを見て、扉を開け、二人に次のように語りかけた。

保育者「ノブちゃん、ヨシキちゃん。もう寝る時間なんだけど、二人が遊んでたら、他のお友達が寝れないでしょ！　寝る気持ちになったらお部屋に来てね。もう、みんな寝てるから」

ノブ・ヨシキ　二人で顔を見合わせ、「どうする？」と言って笑いあう。

その姿に、「完全にナメられてる」とショックを感じてしまった。

鼻の穴にティッシュを詰め込んでふざける３歳児を部屋の外に連れだしたＳ先生の行為を保育者としての「未熟さ」の現れと考えるなら、おそらくそれは確かにその通りなのでしょう。あるいは、この程度の子どもの行動をもって「完全になめられている」とショックを受けているＳ先生の姿に、保育者としての「頼りなさ」を感じる人がいることも、これまた確かな事実なのだと思います。

しかしながら、新人保育者であるＳ先生が、自分の指示にふざけて応える子どもの姿に苦慮しながら、それでもその出口を探して記録を書く行為の中に、保育者としての誠実さが表現されている点が重要なのです。

さて、二人との関係に苦慮したこの場面で、S先生の頭の中をよぎったのが、かつて先輩から聞いた、あの「『壁』理論」でした。そこでS先生、毅然とした態度で二人に向きあっていこうとするのですが、事態はさらに悪化していったといいます。そのあたりの事情を、「日記としての記録」に次のように綴っています。

シーン 2　反抗し続けるヨシキに毅然と向き合う

　しばらくすると、ノブとヨシキが、「寝る気持ちになった」と言って部屋に入ってくる。
保育者「じゃあ、お布団にゴロンしようか。他のお友だちも寝てるからね」
ヨシキ　立ち上がり、何度も布団のシーツを敷きなおす。
ノブ　　ヨシキを見て、同じように布団のシーツを敷きなおす。
保育者「ねえ、寝ないと疲れてお熱出ちゃうよ！　ゴロンして！」
　ヨシキとノブは顔を見合わせ、声を出して笑い出す。
保育者「寝る気持ちになってないなら、お友だち寝れないから、お外行って！」
　ノブにつられてふざけるヨシキを外に出す。
ヨシキ「フンッ」という顔をして外に立っている。
ノブ　外にいるヨシキを見て、急に外に走り始める。
保育者「ノブちゃんは行かなくていいの！」
　こう言いながら、ノブを部屋の中に引っ張って戻す。
ノブ　「いやだ！　ヨシキちゃんがいいの！」
　保育者の手を振り払い、外へ行こうとする。

　一筋縄ではいかない3歳児と格闘するS先生の姿が、まるで目の前に浮かんでくるような記録です。そしてそんなS先生の「教育する物語」（保育者の要求）に対立する形で、たくましく自己主張しながら活動する3歳児の「発達する物語」（子どもの要求）が、この「日記としての記録」の中には「事実の記録」として描かれているのです。
　しかもこの記録は、子どもたちの中に生起する「発達の物語」に対し

て、S先生が「感情的」に対応している姿を、見事なくらい描きだしているのですが、じつはこの事実の中に、保育実践の本質を考える重要なカギが潜んでいるのです。

たとえば、一般に保育者の専門性は、保育の理論学習を通して形成された「概念的知性」と、経験によって身体的に形成された「直感的応答力」という二つの要素で構成されると考えられます。1)

前者は、記号（言葉）で整理された価値の世界であり、一般的・普遍的・抽象的な内容を伴った、専門家として生きる保育者の「知性」で構成される保育実践能力です。

これに対して後者は、保育者が経験してきた生活の中で、個別的・具体的に形成された身体的知性である点を特徴としています。言語的に意識されない、カン・コツ・クセといった身体的能力として子どもの前に現れるのですが、実際にはこの「直感的応答力」のほうが、子どもの発達に大きな影響を与えてしまう点に、保育実践の大きな特徴が存在しているのです（図1）。

もちろんこれはS先生の場合にも言えることなのですが、S先生の場合、頼りになる「概念的知性（保育理論）」が先輩に教えられた「『壁』理論」だけだった点が、致命的だったのかもしれません。

1）たとえば人間の行動決定において、「直感」が「意思決定の大きな部分を占めている」という視点から「直感」について論じたマイヤーズは、記憶においては「潜在的記憶」と「顕在的記憶」、認識においては「直感的（無意識的）認識」と「理性的（意識的）認識」、知性においては「経験的（社会的）知性」と「学問的知性」といった「二重の態度システム」に人間の意思が規定されている事実を論じている。（デヴィッド・G・マイヤーズ『直観を科学する』麗澤大学出版会、2012年）

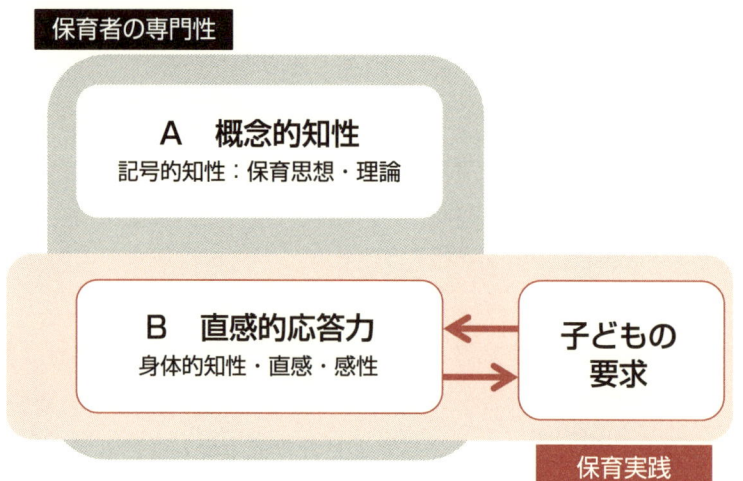

図1　保育者の専門性の二重構造と保育実践

シーン 3

「フンッ！ キモイ」（ヨシキから出た抗議の言葉）

　さて、ヨシキ君・ノブ君と対立するＳ先生は、いったいどのようにしてこの危機を乗り越えていったのでしょうか。

　残念ながら、この日のかかわりの中で、解決にまでは至らなかったようで、そのあたりの苦しいやりとりを、Ｓ先生はさらに次のように記録しています。

保育者「じゃあ、ヨシキちゃんとお話しするからお布団に行っててね」
保育者「ヨシキちゃん、どうするの？　寝ないの？」
ヨシキ「うん」
保育者「お熱出て、保育園これなくなっちゃってもいいの？」
ヨシキ「うん」
保育者「わかった。じゃあ、ずっとお外にいて！」
ヨシキ「ノブちゃんとがいい！」
　　　　（ヨシキの言葉を聞き、ノブが走って出てこようとする。）
保育者「ノブちゃんは違う！　ヨシキちゃん、寝ないんだって！」
ノブ　「ヨシキちゃんと寝る！」
保育者「ノブちゃん寝れるって。ヨシキちゃんはどうする？」
ヨシキ「ノブちゃんと寝る！」
保育士「わかった。じゃあ、もうおふざけしないで寝ようね……」
　いっしょに部屋に向かっているとき、ヨシキが一言。
ヨシキ「フンッ、キモイ！」
保育者「じゃあ、もう寝なくていい！」
　　　　（ドアを閉め、ノブと部屋に入る）
ヨシキ「いやだー！」（大声になり、他の子の目が覚めそうだった）
保育者「おふざけしてたら、お友達寝れないの！　寝ない人は遊んでな！」
ヨシキ「いやだー。寝るの！」
保育者「眠る気持ちになっていない人は入れない！」
ヨシキ「眠る気持ちになったの！　ノブちゃんと寝るの！」

ノブ　「ヨシキちゃんと寝たいの！」
保育者「もうみんな寝てるから、静かに入ってね」
　そして布団の中に入って、主担と交代すると、すぐに眠った。

　最後の一行が、虚しく響くシーン3の記録ですが、この一行を含むすべての記録を読み返してみると、じつは3歳児と向き合う保育実践を考える、たくさんのヒントが隠されていることがわかります。

 実践記録としての口頭詩

　1965年に長野県幼年教育の会が、口頭詩集『ひなどり』をまとめたことをきっかけに全国に広がっていったのが、口頭詩採集運動でした。

　子どものつぶやきや、叫びは、わたしたちおとながそれに耳を積極的に傾け、書きとめてやらなかったら、そのまま忘れ去られ消え去ってしまうにちがいありません。（長野県幼年教育の会編『口頭詩集ひなどり』鳩の森書房、1971年、p.230）

　こうした思いとともに始まった口頭詩採集運動は、「子どもの声に耳を傾ける」保育実践に、大きな影響を与えることになっていきました。

　　おとなは　いいね
　　なにかわすれたときには
　　わらっているのに
　　ゆうこが　わすれれば
　　ばかだねって　おこるじゃない

　こんな言葉を聴きとり、書きとめることのできる保育者は、子どもの心に共感することのできる、ステキな保育者であるに違いありません。そして口頭詩を書きとめていく過程で、多くの保育者たちは、子どもと共感することのできる保育者へと、自らを育てていったのです。

　もちろん、こうして書きとられた「口頭詩」を、実践記録の一つとして正当に位置づけ、議論することが一般的だったかといえば、おそらくそれは違うのだろうと思います。

　実際、口頭詩採集運動も、子どものつぶやきを採集し、詩集にまとめることを通して、子どもの声に力を与えることには成功してきましたが、そうして集めた子どもの声を保育実践の中に正当に位置づけ、実践を変える力として機能させていくことには、容易につながっていかなかった経緯があります。

　しかしながら私は、「子どもの声に耳を傾ける」保育実践研究に大きな影響を与えてきた「口頭詩」を、実践記録論の中に正当に位置づけることで、保育実践記録に関する議論は、大きな広がりを持つと考えています。

　詩的・文学的表現をもった「口頭詩」を、「日記としての記録」や「メッセージとしての記録」とともに「小さな物語」の一つに位置づけ、それらをつなげて、一つの「大きな物語」へと整理していけば、子どもへの共感性にあふれた、ステキな「物語」を描き出すことが可能になっていくと思うのです。

実践記録ってなあに？

4 記録を子どもの視点で読み直すと

　さてそれでは、S先生の書いた「日記としての記録」から、いったい私たちはどのような保育実践の「真実」を読みとることができるのでしょうか。

　たとえば、記録を読みながら私が感じた第一のポイントは、S先生の指導に屈せずに行動するヨシキ君とノブ君のたくましさでした。

　記録を書いたS先生には申し訳ないのですが、S先生のあたふたとした奮闘ぶりに対して、二人の3歳児のとった行動は、たくましく、そして筋が通っているのです。

　おそらく実践しているS先生には見えなかったことなのでしょうが、ヨシキ君の側からこの実践場面を見つめてみると、そこにはS先生の見る保育の光景とは、まったく違った光景が見えていたことに気づきます。

　3歳半ばになったヨシキ君は、「親友」とでもいうべきノブ君と出会って、二人でいることが楽しくて仕方ないのでしょう。彼らにしてみれば、「寝ている場合じゃない」という感じなんだと思います。とにかく二人で面白い時間を一緒に生きる、それが楽しくて仕方ない状態なんです。

　本当は、そんな二人の心を受け止め、その思いとの間に共感的関係をつくりだすことに、S先生の最初の課題があったのだろうと思います。

　もちろん、昼寝の場面でそうした関係をつくることが困難なことはよくわかります。もしそれが許されないのなら、翌日の朝、<u>彼らが遊び始めたときに、いっしょにとことん遊んでみようと、計画を立ち上げることが重要なのです</u>。「親友」として活動する彼らの仲間に入れてもらい、とことん共感的関係をつくってみると何かが変わるかもしれないと、そんな仮説を持つことの必要性を、この記録は教えてくれているのです。

　おそらく主担の先生は、日常の保育の中でそうした関係をさりげなくつ

22

くっているから、こんな対立する場面でも、いい関係をさりげなくつくりだすことができるのでしょう。

あるいはシーン２の、布団を引き始めた場面だって、面白い場面です。

保育者「じゃあ、お布団にゴロンしようか。他のお友だちも寝てるからね」
ヨシキ　立ち上がり、何度も布団のシーツを敷きなおす。
ノブ　　ヨシキを見て、同じように布団のシーツを敷きなおす。
保育者「ねえ、寝ないと疲れてお熱出ちゃうよ！　ゴロンして！」
　ヨシキとノブは顔を見合わせ、声を出して笑い出す。

　ヨシキ君とノブ君は、寝ようとしてシーツを敷き直しているわけです。「きれいに敷けると、気持ちよく眠れるもんね」と声をかけていたら、Ｓ先生と二人の関係はまったく違ったものになっていたかもしれないのです。

実践記録ってなあに？

5 保育理論と保育実践が結びつくとき

　じつは、こうして書かれた「日記としての記録」を、外側から見つめ直してみると、実践しているときには気づかない、保育の「真実」に気づくことができるのです。そして実践記録を書く営みは、そうやって主観的実践として展開されている保育実践の営みを、客観的に意味づけていくうえで、決定的な役割を果たすことになっていくのです。

　たとえばS先生の記録を紹介している途中で、保育者の専門性が「概念的知性」と「直感的応答力」との二重構造で構成されている事実を指摘しました。そして実際の実践場面において「子どもの要求」と向き合っているのは保育者の「直感的応答力」のほうであり、「概念的知性」のほうは、実践している最中には、あまり有効に機能していない事実を、図1（前掲）のように整理してきました。

　ところが、こうして子どもの「主観」と保育者の「主観」との相互主観（主体）的関係で展開される保育実践の事実を、S先生のように「日記としての記録」にまとめることで、「主観」で構成された実践の世界に、科学の目を持ち込むことが可能になってくるのです。

　つまり、保育者の主観で切り取った「実践の事実」を、保育者の「概念的知性（保育理論）」で意味づけ直すことによって、はじめて保育実践を科学することが可能になってくるということなのです（図2）。

　もちろんその場合、保育者の持つ「概念的知性（保育理論）」が貧弱だと、せっかく書いた実践記録も、その価値を輝かせることができません。日々の実践は、目の前でさまざまに繰り広げられる子どもたちの姿に対して、「直感的応答力」で対応していくわけですが、その過程を記録にまとめ、分析しようとする段階でやっと「概念的知性（保育理論）」が、機能することになっていくのです。

そして保育者の書きとめた「実践の事実」を、自分たちの持つ「概念的知性（保育理論）」と結びつけ、整理し直すことができたとき、それまで「借り物」だった保育理論が、はじめてリアリティーある概念（理論）になっていくのです。

　重要な点は、こうしてリアリティーを獲得した保育理論だけが、具体的な保育実践の場面で有効に機能する、意味ある理論となっていく点にあります。そしてそうして確かめられた「概念的知性（保育理論）」の質が、実際の保育実践の質を規定することになっていくのです。

　つまりそういう意味で、「保育実践記録は保育を科学する必要条件」ということになるのです。

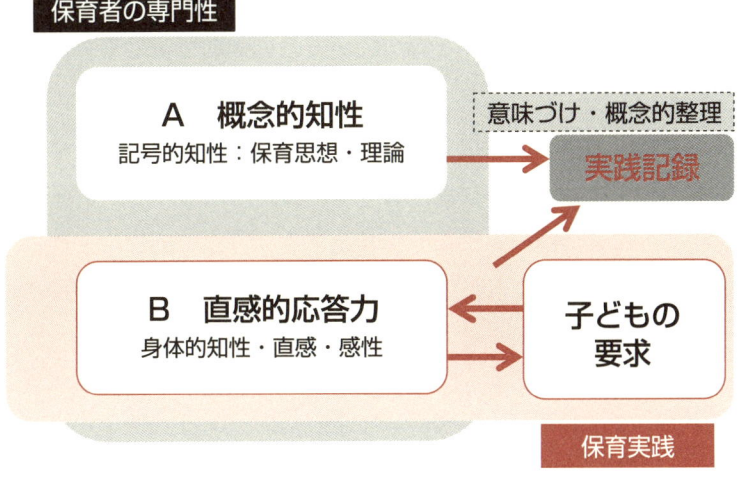

図２　保育者の専門性と実践記録

実践記録ってなあに？

6 質を高めるために実践記録が有効なわけ

　さてこのように考えてくると、保育実践という営みが、けっこうややこしい構造を持っていることに、改めて気づかされるのではないでしょうか。
　保育理論の学習を積むだけで実践が豊かになるとは考えられないし、経験を通して身体的な知性（カンやコツやクセなど）として形成された「直感的応答力」を確かなものへと育てていく、即効的で有効な方法が存在していないからです。

　実際、言葉（文字）で整理された「概念的知性」のほうは、それでも学習を重ねていくことである程度は育てることができるのです。ところがこれに対して、保育実践の中核部分を規定する「直感的応答力」のほうは、本を読み、知識を得るだけでは変わっていかない点が問題なのです。強いて言うなら、豊かな経験を積み重ねていくしかないということなのでしょうが、それでは時間がかかりすぎます。
　もちろん、方法がないわけではありません。
　それが、実践記録を書き続けていくことなのですが、いったいそうして、実践記録を書き続けていくことが、なぜ保育者の「直感的応答力」を鍛え、保育実践の質を高めることにつながっていくのでしょうか。

　ここで参考になるのが、『選択の科学』（文藝春秋、2010年）で有名なコロンビア大学のシーナ・アイエンガーが語る、「正しい選択」をする方法の話です。
　アイエンガーは、人間のさまざまな「選択」行動について研究をした結果、さまざまな局面で「正しい選択」ができるようになるためには、「経験に基づく直感」を確かなものにすることが大切だとして、次のように述べているのです。

> 　人間の「選択」には、元来二つの方法があるとされていました。ひとつは、条件を一つ一つ検討して決める「理性による選択」、いまひとつは「直感」による選択です。その道の第一人者と呼ばれる人は、実はこの両面をあわせもった方法で「選択」をしています。それが「Informed Intuition」（経験に基づく直感）です。1)

1) シーナ・アイエンガー（櫻井祐子訳）『選択日記』文藝春秋、2012年、p.2

　ここでアイエンガーは、「直感による選択」と「理性による選択」とを統一した力を「経験に基づく直感」と呼んでいるわけですが、その二つの力が、いつでも、どんな局面でも正しくつながる人が、「正しい選択」をしていくのだと言うのです。
　しごく当たり前の指摘と言えばそれまでなのですが、彼女の研究の面白いのは、それを具体化するための方法として、「選択日記」を書くことを提案している点にあります。

> 　つまり、適切な「選択」をできるようになるためには、自分が行った「選択」をそのままにしておかずに、書き留め、その結果を折にふれて評価する、その反復が必要だということになります。2)

2) 同上、p.3

　この「選択日記」は、その日、自分が行った大切な選択を「日記」として綴っていくものなのですが、それに「選択の評価」を書き加えていくだけで、その人の「経験に基づく直感」のレベルは高まっていくというのです。なぜならその作業を継続することによって、自分の「選択」（直感による選択）の傾向を認識するようになり、どこかの時点でその傾向を「理性による選択」で意味づけたとき、「経験に基づく直感」のレベルが高まるというのです。
　つまり、そうやって「経験に基づく直感」のレベルが上がると、それまで繰り返してきた過ちを、けっして繰り返さないようになってくるというのですが、このアイエンガーの指摘は、保育実践を科学する際にも有効です。
　そうです。アイエンガーのいう「選択日記」は、保育者の書く「実践記

録」そのものなのです。保育者が自分の感性で切り取った「実践の事実」は、その保育者が宝物のようにしている実践の場面であり、そこで保育者が専門家として選択した行為にほかならないのです。そしてそうやって記述した実践記録を、「概念的知性（保育理論）」で評価・分析していく営みを通して、保育者は自らの「経験に基づく直感」のレベルを高めていくことが可能になっていくのです。

ただしその場合、<u>二つの力をつなげる営みを、保育者個人の中で完結させるのではなく、保育者集団の力で展開していくことが重要になってくる</u>のです。保育実践という営みは、こうして記録を書き、それを評価することを通してのみ、質を高めることができる、じつにめんどうな営みなのですから。

記録に取り組んでみて　～よかったこと①～

■忘れてしまいがちな子どものそのままの姿を残しておくことで、「こんな（姿）だったのに、こんなふうに変わったんだ」と一目で理解することができた。保育活動をダラダラと書くよりも書きやすいし、その場の様子などもわかりやすい。（保育経験1年）

■自分だけではなくクラスの他の先生の記録を見ることで、自分に見えていなかった子どもの姿や、考え方などを知ることができて、保育に対する知識や視点も広がった。記録をもとにクラス内で話すこともできて（初めて知ることが多い）、とてもうれしかった。（保育経験2年）

■1人の子に注目して「どうしてこんなことするのかなー？」と疑問を持っ

た時などに記録すると、その子に対しての自分のかかわり方を客観的に見ることができ、その子が今何に興味があるのか、どの発達段階なのかとより深く知ろうとするようになった。その子の行動や言葉の一つひとつがより愛しく感じるようになった。（保育経験10年）

■3歳児クラスで一年を通して続いた「ねこねず遊び」に注目し、記憶に残ったことを簡単なメモにとっておいた。そのメモをもとに、記録をまとめて総括会議に提出。同じテーマで記録をとり続けていくと「この間のあの子のあの言葉は、こういうことだったのか」とわかるときがある。（保育経験7年）

Chapter 2

やってみよう!
シナリオ型実践記録

やってみよう！　シナリオ型実践記録

1 実践記録がもつ 4つの効用

　人間として生きていくために必要な「人格の芯」を形成することを目標に展開する保育実践の営みが、保育者の主観（考え方や願い）と子どもの主観（同）との絡み合いの過程で、子どもの主観世界と対話する保育者の「直感的応答力」に規定されながら展開していくこと、そして実践記録を書き続ける営みが保育者の「直感的応答力」のレベルを上げる必要条件であることについて、これまで考えてきました。

　つまり、「保育の質は人（保育者）次第、実践記録は保育の質を高める必要条件」[1]ということなのですが、もちろん実践記録を書けば、それだけで保育者の「直感的応答力」のレベルが上がるかと言えば、問題はそんなに簡単ではありません。問われるべき問題は、保育者が書き続ける実践記録の質にあるのです。そしてその記録をもとに語り合う、保育実践研究の質こそが問題なのです。

　しかしながらそれでも、実践記録を書き続けることには、それ自体に重要な意味があります。それは実践記録が保育実践の質を高めるうえで有効な力を持っているということなのですが、そこには大きく言って、以下に示す4つの効用があると考えられます。

【第1の効用】聞き上手な保育者に成長する点

　記録を書こうとすると、子どもの声に耳を傾ける時間が長くなり、結果的に保育者が話す言葉が減ってくる点。つまり、実践記録を書き続けることで保育者は、話し上手な保育者ではなく、聞き上手な保育者に成長していきます。

【第2の効用】子どもの視点から保育実践を見つめることが可能になる点

　保育者が子どもをどう評価するかという「保育者の視点」ではなく、そ

[1] もちろん、保育実践の質を規定する根本問題に、施設・設備や人的配置といった保育環境・保育条件の問題があることは当然です。しかしながら、同じ条件で保育しても、保育者の対話能力の差が、実践の差として現れるところに、保育の面白さと難しさがあることを、ここでは「保育の質は人次第」と表現しています。

れぞれの子どもが実践の事実にどうかかわろうとしているかという「子どもの視点」から保育実践を見つめる（評価する）ことが可能になります。

【第3の効用】直感的応答力の省察（反省的に振り返ること）を可能にする点

　保育者が良かれと思って実践した事実を、記録を読み直すことによって振り返ることが可能になってきます。ともすれば自分の直感だけに頼って保育してしまう毎日を、記録をもとに振り返ることで、「直感的応答力」の質を高めることが可能になります。

【第4の効用】子ども参画型の保育実践を可能にする点

　子どもの声に耳を傾けることが習慣化し、子どもの声を出発点に、子どもが参画する保育実践をつくりだすことが実践の基本となっていきます。子ども参画型の、子どもとつくる保育実践へと、実践記録が道をひらいていくのです。

　つまり、実践記録を書き続けていくことで、子どもを見つめる眼差しが柔らかくなり、子どもの心の動きに「共感的態度」で臨むことが可能になり、子どもを主体とする保育実践をつくりだす道がひらけてくるのです。

やってみよう！　シナリオ型実践記録

2 それでも書けない実践記録

　もっとも、記録を書く意味がこれだけわかっても、なかなか書き進めていくことができないのが実践記録です。

　何と言っても、実践記録はただ書けばいいというものではないのです。とくに、求められているのは「質の高い実践記録」なのだと言われたりすると、とたんに筆を持つ手も重くなってくるというものです。

　たとえば、「実践記録を書こう」と提案すると、きまって次のような質問を寄せる保育者が出てきます。いわゆる「研究的実践記録」を書いたことのある、経験豊かな保育者が抱く、けっこう深刻な疑問がこれです。ある研究会でだされた、15年の経験を持つ保育者の質問です。

> 　実践記録を書こうと思うのですが、いざ書こうとすると、いったい何を、どのように書けばいいのかわかりません。やはり、子どもや実践の背景にあるものから書き始めて、実践を支える「仮説」をまとめて、最後は「考察」でまとめるというのが普通の書き方なんでしょうか。何か、こうやって「研究報告」のようにまとめなければいけないと考えると、それだけで緊張してしまって……。もっと気楽に書けて、しかも意味のある、そんな記録の書き方があったら教えてください。（保育経験15年・B）

　結論から言うと、<u>保育の中で日常的に書く実践記録を、一生のうち何度かしか経験しない「研究発表」と同じように考えるべきではない</u>と私は考えています。一般に研究者の行う「研究」は、個別の事例を一般化することを目的に展開していきますが、保育者の書く実践記録が、それと同じ手法を取る必要など、本当はどこにもないのです。

　もちろん、保育者だって「仮説」をもちながら実践することは、たしか

にあります。しかしながら保育は、その「仮説」を実証することを目的に実践しているわけではないのです。それぞれの子どもの、その子らしい発達を保障することに保育実践の目的があるわけですから、そこで展開される実践も、そこでつくりだされる子どもの発達の有様も、個別性・即応性・一回性を原則に[1]、個性豊かに展開されていくものなのです。

だから、保育者の書く実践記録は、その日の保育の中で心を動かされたことを、事実の記録として、「日記」のように書き綴っていく、ただそれだけの記録で十分なのです。つまり、個別性・即応性・一回性を原則につくりだされていく個別の事例を、保育者の主観を交えながら、「日記としての記録」にまとめていけばいいのです。そしてある程度それが蓄積し、記録と記録の間に物語（ストーリー）が立ち上がってきたとき、それぞれの「子どもの育ちの物語」として、あるいは特定の活動が生成・発展していく「保育実践の物語」として整理していけばいいのです。このことは6章で実例をあげて詳しく述べます。

[1] 二度と同じ関係を繰り返すことができない点に、乳幼児を対象とした保育実践の特徴があります。だから、繰り返すことのない一回限りの実践で問われるのは、まさに「即応的応答力」なのです。これに対して保育理論は、何度も繰り返し使用することが可能な「一般性・普遍性」を原則にしています。

記録に取り組んでみて　〜よかったこと②〜

■グループ討議で「何でこのタイトルにしたのか」が話題になった。初めの頃にはそういう着眼点もなかった。実践の中で何をクローズアップするか、そういう視点を話していくことが大事だと皆が思えるようになった。（保育経験10年）

■自分の記録を読んでくれた人が、自分の子どもの見方やかかわり方などでよかったところを認めてくれて自分に自信がついてきた。記録として「書いてある」からこそ、そういう指摘もらえるのだと思う。（主任保育士）

■普段ならば、保育者の視点で見がちな場面を、子どもの視点でも見たり考えたりすることができ、少しずつだが、子どもの気持ちに向き合えるようになってきた。（保育経験1年）

■日々保育をしている中で、「あ、これは記録に書ける」と思う場面が増えたように思う。私自身の意識次第で保育も変わっていくと感じた。（保育経験12年）

やってみよう！　シナリオ型実践記録

3 記録が書けない保育者の3つのタイプ

　ということで、私はこれまで「毎日の実践を『日記としての記録』にまとめていこう」と日本各地で提案してきましたが、それでもいざ書こうとすると、やはりそこには大きな壁があるのだと保育者たちは言います。

　もちろん、実践記録が書けないと訴える保育者は、実際には多様な形で存在しているのですが、「書けない」と悩む保育者の書いた実践記録を読み、話を聞いていくうちに、「記録が書けない保育者」を3タイプに分類できるように思えてきました。

タイプA
実践のセンスは優れているのに、記録する段階で忘れてしまう

　じつは、こんな「書こうと思うけど、忘れてしまう」と「言い訳」（失礼）をする保育者が、けっこうたくさんいるのです。

　話を聞いていると、たくさんの事例を、生きいきと話してくれるのに、いざ書こうとすると、肝心なところがいつも思いだせないのだと、なぜか口をそろえて言うのです。

「今日も、A君が転んだ時、Bちゃんがいいこと言ったんだよね」…

　こんな感じで、Bちゃんのことを愛おしそうに語ってくれるのですが、
　　私　　「それで、どんなことを言ったの？」と聞くと、
　　保育者「それがどうしても思いだせない……」というわけです。

肝心な言葉が記憶から消えているから、記録を書きたくても書くことができない、そんなタイプの保育者がこれにあたります。

　理由を聞くと、冗談のように「年のせい」と言いますが、おそらく年齢は関係ありません。次から次へと起こる「事件」に向き合っているうちに、その前に起きた感動的な出来事が、記憶から消えてしまうのです。

　このタイプの保育者は、「こんなに大切なことだから、忘れるはずはない」と考える、自分の記憶力を過信しないことです。そして、<u>大切な言葉を「メモする習慣」</u>をつくることです。大切な言葉さえメモしてあれば、<u>周囲の情報</u>は必ず思いだすことができます。そして幼児クラスの子どもたちが大切な話し合いをするときは、ボイスレコーダーなどを用意して、そのやりとりを記録しておくことです。

　こうした努力をするだけで、このタイプの保育者は、ステキな記録を書き続けることが可能になるはずです。

タイプB

実践を記録する日本語能力に問題がある

　しかしながらそれより問題なのが、このタイプの保育者です。

　こちらは、面白い事例を記憶していて、一所懸命記録にまとめようとするのです。ところが、書けば書くほど支離滅裂な文章になってしまい、しだいに書くことが苦痛になってしまうのです。

　一言でいえば、「実践を記録する日本語能力に問題あり」という保育者たちなのですが、じつはこのタイプの保育者が、意外と多数存在しているのが現実なのです。

　もっとも、誤解されては困りますが、このタイプの保育者の日本語能力全般に問題ありといっているわけではありません。実際、このタイプの保育者は、メールを書いたり、ちょっとした感想文を書いたりすると、とってもステキな文章が書ける人たちなのです。ただ、実践の中で生起した事例を論理的に説明し、適切な「考察」を加えようとすると、とたんに文章が書けなくなってしまう、そんなタイプの保育者なのです。

じつはこのタイプの保育者が書いた文章は、頑張って書けば書くほど理解不能な文章になっていく特徴があり、読むほうにかなりの努力が必要になってくるのです。いや、そんなことより、こんなに苦しい作業を続けていると、記録を書く保育者自身が疲れてしまいます。

　そこで私が考えたのが、日本語能力に無関係の実践記録を書く方法です。たとえば私は、そうして整理した記録を「シナリオ型実践記録」[1]と呼んでいますが、この書き方に慣れてくると、本当に気楽に、楽しみながら書くことができるのです。

　さてそれでは、実際に「シナリオ型実践記録」をどうやって書けばいいのかという問題ですが、記録に書く内容は単純です。

　その日の保育の中で、保育者が「面白いな」「不思議だな」「どうしてかな」と心を動かされた場面を、「事実の記録」として書いていけばいいのです。ここで「事実」というのは、子どもの言葉・仕草・表情であると同時に、保育者の言葉・行動・思い（心の声）を指していますが、とにかくそれらの事実を、演劇や映画の脚本（シナリオ）のように、時系列に沿って再現していけばいいのです。

　たとえば次に紹介するのは、2歳児クラスのカイ君とススム君が仲良く座っているところに、ルイ君が割り込んできた場面を、担任であるK先生が書き留めた記録です。自我と自我とがぶつかり合う保育の場面を、K先生は次のように書いています。

　給食の前に絵本を読んでいるときのこと。カイとススムが二人並んで座っている。

ルイ　（二人の間に割り込んで、無理やり座ろうとする）

カイ　「いやー。座ってる！」（ルイを押す）

ススム「ルイちゃん、やめてよ！」（ルイの肩を押す）

ルイ　「ヤダヤダ！　座りたいの！」（言いながらススムの顔をギューとつねろうとする）

保育者（ルイの手をつかみ）「ルイちゃん、ギューしちゃだめ！」

ルイ　「ヤダ！　座りたい！」（こう言いながら泣き始める）

[1] 「シナリオ型実践記録」といっても、特別に新しいものではありません。東京保育問題研究会が定式化した記録の書き方は、まさに子どもの発した言葉と保育者の発した言葉を忠実に再現したものでしたし（東京保問研の場合は子どもの言葉をカタカナ表記）、それ以外でもこうした書き方は自然に選択されてきたのです。しかしながらここであえて「シナリオ型」と命名したのは、セリフを言ったそれぞれの子どもの眼差しから実践の場面を振り返ってみようという思いがあったからです。保育者の立場から実践の事実と評価を記した記録から脱却したいという願いを表現したものだとも言えます。

保育者（なだめても泣き続けるルイを抱き上げ）「ルイ君、ここに座りたかったの？」
ルイ　「うん。ここがいいの！」
カイ　「でも、カイが座ってるんだもん！」
保育者「イレテって言えば？」

　実際、こうして書かれた記録を読んでいると、その場が再現できるような臨場感があるのです。そしてこのように、実践場面を可能なかぎり忠実に再現した記録を、「シナリオ型実践記録」と私は呼んでいるのです。
　もっとも、ただ事実の記録だけだと少しさびしいので、これにタイトルを1行つけることが重要です。保育者の心が動いた実践場面につけたタイトルの中に、じつはその保育者の保育観（保育に関する哲学・理念）が現れてきます。シンプルなタイトルの中に、すべての思いを込める習慣が、保育実践における理論と実践をつなげる重要な役割を果たすことになっていくのです。
　そして最後に、記録を書いた実践場面の感想を書いて、「シナリオ型実践記録」は完成です。最後に書き加えるのは、「考察」といった堅苦しいものより、「感想」のほうがいいでしょう。いざ「考察」を書こうと思うと、それだけで心が固くなってしまいますし、実際の保育は「不可解」なまま終わることのほうが多いのです。だから、毎日書く「日記としての実践記録」は、簡単な感想を書いて終わりにすればいいのです。

なんといっても大切なのは、時間をかけて特別な記録を書くことではなく、書き続けることにあるのですから。
　ということで、改めて「シナリオ型実践記録」を書くポイントを整理すると、次のようになります。

「シナリオ型実践記録」を書く３つのポイント

①保育の中で保育者が「面白いな」「不思議だな」「どうしてかな」と感じた事実を、まずは記録すること。事実とは、子どもの言葉・しぐさ・表情・行動と、保育者の言葉・感情・行動。それを劇のシナリオのように書いていく。

②書いた記録に、タイトルをつけることが次の作業。書かれた事実に名前をつけることで、実践の意味づけ（理論化）が可能になる。

③最後に保育者の感想を書き添えること。ここで下手に「考察」などしないことが重要。保育は一話完結ではない。課題を明日に残した記録が、子どもと対話する余地を広げる。

さてこうやって「シナリオ型実践記録」を書くことに慣れてくると、ほとんどの保育者が、記録を書く重圧から解放されると思います。そして、記録を書き続ける習慣さえ忘れなければ、だれもがステキな記録を書き続けることができるはずなのですが、じつはここまで理解しても記録が書けない保育者が、実際にはいるのです。それが、タイプCの保育者です。

タイプC

実践のセンスが悪いので、どこにポイントがあるかわからない

じつはこのタイプCの保育者の場合、そもそも保育実践に見通しがなく、毎日をバタバタと過ごしている点に問題があるのです。したがって、問題の本質は「記録が書けない」ことよりも、もっと深いところに存在しているわけです。

しかしながらそれでも、「シナリオ型実践記録」はタイプCの保育者に対しても、有効に機能していくのです。

ただし、やみくもに記録を書くだけでは、タイプCの保育者には効果がありません。保育実践のポイントを一点に絞りながら実践を展開し、その点に焦点化して記録を書いていくことが重要です。たとえば、2歳児クラスであったら「受け止めて、切り返す」に焦点をあてて実践し、記録をとるということです。「一点突破型実践記録」とでもいうことができるかもしれませんが、こうしたやり方で「シナリオ型実践記録」を書き続けていくと、しだいに子どもが見えるようになってくるのです。

もちろん、どの年齢・発達段階にある子どもも、実際には一つの課題に焦点化して保育実践を展開することはありません。したがって、実際の実践は多様な課題に向き合いながら進めていくわけですが、実践を見つめ、記録を書く視点をまずは一点に定め、その点に焦点を当てた記録を書いていくことで、子どもと保育が見えるようになってくるのです。

やってみよう！　シナリオ型実践記録

4 シナリオ型実践記録が育てる保育者の直感的応答力

　さてそれでは、シナリオ型実践記録を書くことで、本当に「直感的応答力」のレベルを上げることは可能なのでしょうか。そして、記録を書くことで、本当に保育実践の質を高めることが可能になるのでしょうか。

　こうした点について、1歳児クラスを担当したA先生の記録をもとに考えてみることにしましょう。

　A先生が担当したのは15名の1歳児クラス。その中でA先生がいちばん手を焼いていたのが、2歳になったばかりのカイト君だったといいます。気に入らないことがあると、すぐに相手に手をだし、友だちに噛みついてしまうというのです。

　そんなカイト君のことを、A先生は次のように記録しています。

> クラスの中でおもちゃの取り合いが激しくなってきて、最初は泣いて嫌がるか、逃げ回るだけだったカイトが、しだいに手を出すようになり、噛みつくようになってしまった。最近では、おもちゃの取り合いのときだけでなく、近くにいる友だちを突然押したり、噛みついたりする姿が、頻繁にみられるようになってきた。

　こんなカイト君とのやりとりを、A先生はていねいに記録しています。

　2歳前半の子どもたちが、自己主張する自我の世界を拡大させていくことも、その自己主張を「受け止めて、切り返す」ことの大切さも十分に理解したうえで保育しているA先生なのですが、それでも噛みついて要求を通そうとするカイト君との間に、対話的な受け答えの関係をつくることは、けっして容易なことではなかったようです。

　しかしながらそんな、一筋縄ではいかない2歳児を相手に、A先生はて

いねいにかかわり、記録しているのです。それは、カイト君との間に心地よい関係をつくりだしたいと願うA先生の、保育者としての誠実さが書かせた記録だったのです。

書かれた記録は、大きく言って3つの場面で構成されていますが、まずはA先生がカイト君の噛みつき事件に遭遇した最初の記録（シーン1）から見てみることにしましょう。

シーン 1

落ち着きのないカイト君

（2歳1ヵ月）

給食前に、イスを出してくるように指示した時の記録です。他の子が椅子を出してきて食べる準備を始めているのに一人だけ歩き回り、じっとしていることができないカイト君に対してA先生は、積極的に働きかけていくのです。

保育者「カイト君、給食食べるから、イス持ってこようか」
カイト　イスを持ちに行こうとする。
　　（少ししてからカイトを見ると、イスは出してきたものの、遊んでいる）
保育者「イスを出してきたら、座るんだよ！」
　　（他の子どもたちはだんだん座り始めているが、カイトはまったく座ろうとしない）
保育者「座ってないの、あとカイト君だけだよ！　お友だちを見てごらん」
カイト　出してきたイスを持って机の所に行こうとするが、すぐに気が変わり、今度はイスを押して遊びだす。
保育者「カイト君！　座るの！」
保育者　カイトの後を追いかける。
カイト「ヤーダ！」と言いながら、追いかけられるのを楽しんでいるのか、さらに逃げようとする。

　　（カイト君、わかってやっているのかなー？　何で落ち着きがないんだろう？

何で友だちと一緒のことができないんだろう？）

　おそらくA先生は気づいていないと思いますが、この日のタイトルを「落ち着きのないカイト君」とつけたところに、A先生の無意識の保育観が映しだされていることを、私たちは理解することができます。
　もちろんA先生は、2歳児という年齢が、自己主張する力を誕生・拡大させる時期であり、その自己主張する子どもの世界を、発達の証としてていねいに受け止める必要があることは十分に理解しているのです。つまり、「概念的知性」としては「確かな保育観」をもっているはずなのですが、実際にカイト君を前にすると、とたんに「知性」は役に立たなくなってしまっているのです。
　実際、A先生たちに私は、この時期の自己主張を「受け止めて、切り返す」関係（図3）が何よりも大切なことを、学習会で繰り返して語っていたのです。だからA先生もそのことは十分に理解していたはずなのですが、実際には、自己主張するカイト君を「受け止める」かかわりを省略したまま、ただ「指示」を与えることに終始しているのです。そしてそれゆえ、A先生の言葉はカイト君の心に届かず、自己主張するカイト君に振り回されるだけの関係が、繰り返されてしまっているのです。

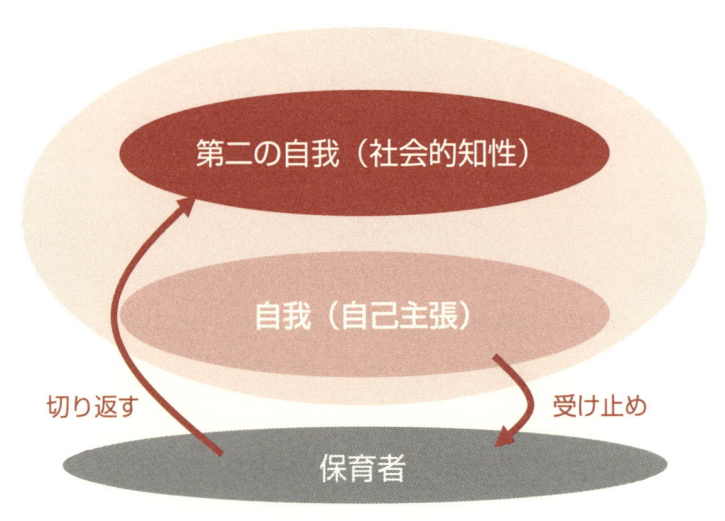

図3　幼児前期の自我発達と保育者の関わり

シーン 2

ゴメンネが言えないトラブルメーカー

（2歳1ヵ月）

　さてそれから1週間後、A先生はまた同じような場面に出くわすのですが、A先生の懸命な努力にもかかわらず、カイト君が落ち着くことはありませんでした。というより、A先生が懸命になればなるほど、どうも関係が悪化していく感じなのです。その時の様子を、A先生は次のように記録しています。

　オモチャの取り合いで、カイト君は手だけでは収まらず、すぐに噛みつくようになってしまった。噛まれた相手の腕にはくっきりと歯形が……。
　いつのまにか、クラスのトラブルメーカーになってしまった。

保育者「カイト君、お友だちのお顔にギュッとやったら痛いよね！」

カイト「……」

保育者「カイト君もお友だちにやられたらどう？　先生がやってあげようか？」
　　　（こう言いながら、カイトの顔をつねる真似をする）

カイト「ヤーダ！」（泣きそうになる）

保育者「嫌だよね。じゃ、ガブしていいの？」

カイト「……ダメ」

保育者　（いけないことは、分かってるんだ）

保育者「お友だち、カイト君にガブってされて泣いてるよ。ほら、見てごらん。ここ、赤くなっちゃったよ。イタイイタイって」

カイト　噛んだところを見るが、何も言わない。

保育者「お友だちに悪いことしちゃったら、どうするんだっけ？『ごめんね』って言える？」

カイト「ウン……」（うなずく）

保育者「じゃ、『ごめんね』しようか」

カイト「……」（何も言わず、頭だけ下げる）

保育者「頭下げるだけじゃ、分からないよ。カイト君、ちゃんとお口で言える
　　　　から、お口で言わなきゃ」
カイト　保育士の「お口で」という言葉に対して、自分の口を指差す。
保育者「そう。そのお口で言うんだよ」
カイト「……」　先ほどと同じように、コクッ、コクッと頭だけ下げる。
　　　注意され、シュンとなるが、保育士を見ようとせず、キョロキョロしている。

　（どうしてゴメンネが言えないんだろう……。ふだん、ちょっとしたときには
言えるのに……。悪いと思っていないのかな？）

　この日の記録のタイトルを、A先生は「『ゴメンネ』が言えないトラブルメーカー」とつけました。おそらく「『ごめんね』って言える？」というA先生の言葉に、「ウン」とうなずいたカイト君の姿に、A先生はカイト君の成長を感じたのだと思います。そして「ウン」とうなずいたカイト君の次の行動を、期待とともに見守っていたのです。しかしながらそれにもかかわらず、見事にA先生の期待は裏切られてしまったわけです。
　そういう意味でこのタイトルは、見事にA先生の期待を裏切ったカイト君に対する率直な思いを表現したものだったのでしょう。
　とはいえ、2歳1ヵ月の子どもに「トラブルメーカー」というレッテル

をはることに関しては、やはりいかがなものかと思わないではいられません。いやそればかりでなく、「問題はカイト君にではなく、A先生のほうにあるのでは？」と思えるところが、記録に描かれた場面に散見されたことも事実です。

実際、A先生の対応には、考えさせられる点がいくつかあります。

まず気になるのは、

保育者「お友だちのお顔にギュッとやったら痛いよね！」

という叱責の言葉から会話を始めている点です。最初に注意・叱責の言葉から入ってこられると、子どもは自分の言葉を語る余裕を失ってしまいます。「受け止めて、切り返す」の<u>「受け止める」場面を忘れると、せっかくの言葉も、カイト君の心に響きません。</u>

そして次に気になるのが、２歳のカイト君に対して、「ごめんね」と言葉で謝らせることに過剰なまでにこだわるA先生の姿勢です。

もちろん、言葉で謝らせることのすべてを否定しているわけではありません。しかしながらそれでも、頭を下げて謝るカイト君の姿を「受け止め」ないで、「頭下げるだけじゃ、分からないよ」と言ってしまったのは失敗でした。

おそらくこの場面は、二人の関係を良い関係に転換する絶好のチャンスだっただけに、残念な感じがしたのはたしかです。

しかしながらそれでも、なかなかうまくいかないカイト君との関係を、何とかして良い関係に変えていきたいと考えるA先生の思いが記録を書かせた事実を、私は大切にしたいと思います。A先生は、「うまくいかないときほど、ていねいに事実を記録してください」と言った私の言葉を思いだしながら、この記録を書き続けたというのです。

だからこうして記録を書き続けていると、きっと出口が見えるはずだと思いながら、私は次の記録に期待をしたのです。

しかしながら次のシーン３の記録では、カイト君の噛みつきは、収まるどころかさらに深刻な事態に発展してしまっているのです。記録は、最初の記録から１ヵ月余りが経過した６月の朝の出来事を綴っています。年長

児が園のそばの田んぼで田植えをしている光景を、ベビーベッドに入って見ていた1歳児クラスの子どもたちに、またトラブルが勃発したというのです。その時の様子を書いた記録です。

シーン 3
かみつき虫、参上！

　ベビーベッドの中で数人の子どもが遊んでいたが、急にタツキ（1歳9ヵ月）の「ウワァーン」という泣き声が……。近づくとタツキの腕に、噛みつかれたあとがあった。
保育者「カイト君、また噛んだでしょ！」
カイト　怒られても平気そうな顔をしている。
保育者「さっきもいけないって言ったよね！」
　だんだんと口調がきつくなってしまったが、今日はこれで2人目だったので、気持ちが抑えきれなかった。
保育者「ゴメンネは！」
カイト「……」　頭だけ下げる。
保育者「ゴメンネって言えるまで、ベッドに入れてあげないから」（ベッドからカイトを下ろす）
カイト　それでも「ゴメンネ」が言えなかった。
　しばらくして、再びベッドの中に入ったカイト。再び「ウェーン」という泣き声が。今度はユリ（1歳5ヵ月）が泣いている。そしてその近くでニヤニヤしているカイトがいる。

（またカイト君。もう止めてよ！　今度は何？　あっ！　顔噛まれた！）

　ユリのほっぺたには、痛々そうな歯形がくっきり。
保育者「カイト君！　またその口でやったの？」（3度目となり、さらに怒ってしまった）

保育者「このお口は、いけないって言ったばかりでしょ！　いいかげんにして！」
カイト「えーん」と泣き出すが、きちんと話を聞こうとしない。

（今日は、どうしてこんなに噛んじゃうのかな？　カイトにとって嫌なことがあったのだろうか？　原因がつかめなかったが、カイトはこの日、5人も噛んでしまった。）

　じつはこのシーン3でも、「カイト君、また噛んだでしょ！」という叱責の言葉からA先生が関係をつくりだしているのです。と同時に、「ゴメンネ」と言葉で謝らせることに躍起になる姿も、何ら改善されていません。おそらくそれは、A先生の身体の中に形成された「直感的応答力」がこうした対応を導きだしているからなのだと思います。
　もちろん、カイト君に対するA先生の対応は、意識的に行われているというわけではないのでしょう。そうではなくて、無意識のうちに働いているA先生の「直感的応答力」に規定されながら、一連の対応は行われていると考えるべきなのです。そしてA先生は、そうやって働いている無意識の保育観・子ども観を反省的に見つめることができないまま、カイト君に働きかけているのだと思います。

やってみよう！　シナリオ型実践記録

5 「経験による直感」を確かなものにする

　さてこのように考えてきますと、たとえこんなに記録を書いても、A先生の「直感的応答力」を高めることはできなかったではないかと、実践記録の効用に疑問を投げかける声がでてきそうな気がします。A先生があれだけ自分をさらけだしながら記録を書いたのに、何も変わっていないではないかと……。

　しかしながら、それはあまりにも短絡的な見方だと私には思えて仕方ありません。

　実際、変化は確実に起きていたのです。

　じつはこの記録を、同じ町の保育士たちで組織する保育実践研究会に提案してもらい、A先生のかかわり方を含めて、率直に議論してもらいました。

　すると、A先生のかかわり方に対して批判的な意見が、いくつもだされてきました。そうやってだされる意見は、かなり的を射た意見でしたし、そのほとんどの意見に、私自身が共感できるものでした。

　しかしながら私は、こうして展開される保育者たちの議論を聞きながら、じつはもう少し本質的なところにA先生の課題があるように思えてきたのです。

　その場で多くの先生が指摘していたように、この実践のポイントの一つは、シーン2の次の場面にあると考えられます。

保育者「嫌だよね。じゃ、ガブしていいの？」
カイト「……ダメ」
保育者（いけないことは、分かってるんだ）

　ぼんやりしていると見落としそうな場面ですが、じつはここでA先生が

つぶやいた「いけないことは、分かってるんだ」という「心の声」に象徴的に表れているように、カイト君とＡ先生の心がつながり、対話的で落ち着いた関係が二人の間に成立した最初の場面が、じつはこの場面だったのです。

そして、こうした対話的で落ち着いた空気を感じることができたから、その次のＡ先生の言葉がカイト君のところに届くことになったわけです。

保育者「お友だち、カイト君にガブってされて泣いてるよ。ほら、見てごらん。ここ、赤くなっちゃったよ。イタイイタイって」
カイト　噛んだところを見るが、何も言わない。
保育者「お友だちに悪いことしちゃったら、どうするんだっけ？『ごめんね』って言える？」
カイト「ウン……」（うなずく）

　保育者の落ち着いた雰囲気と、それを共有しようとするカイト君の気持ちが伝わってくる場面です。そして、「『ごめんね』って言える？」というＡ先生の問いかけに、「ウン」と答える場面などは、とってもステキな関係になっていることが分かります。
　ところが、ここまで共感的関係をつくることができながら、なぜその次に、すべてをぶち壊すような言葉をＡ先生はかけてしまったのでしょうか。

保育者「じゃ、『ごめんね』しようか」
カイト「……」（何も言わず、頭だけ下げる）
保育者「頭下げるだけじゃ、分からないよ。カイト君、ちゃんとお口で言えるから、お口で言わなきゃ」

　改めて読み直してみると、頭を下げて謝ったカイト君の行為を否定的な言葉で返し、「ゴメンネ」を強要してしまったこの一言が、すべてを台無しにしてしまったことがよくわかります。そしてそのことの問題点に気づくことなく、実践はそのままシーン３へと受け継がれていくことになるのです。
　と考えながら私は、この最後の言葉をどうすればよかったか、Ａ先生に

考えてもらおうと思ったのですが、そんなことよりもっと大切なことがあるのではないかと考えるようになっていったのです。

じつは私が気になったのは、ここでA先生が語った「頭下げるだけじゃわからないよ」という言葉ではなく、その上に書かれた「頭だけ下げる」という言葉でした。いやもう少し正確に言うなら、ここでA先生が無意識の内に使っている「だけ」という言葉の中に、A先生の「無意識の保育観」が潜んでいるように思えてきたのです。

つまり、こういうことです。

A先生が記録したこの場面は、「ゴメンネ」と謝ることを要求する「保育者の願い（期待値）」と、ほしいものがあるとつい手をだし、噛みついてしまうカイト君の「現在の姿」との対立的関係で構成されているのですが、この対立関係に変化を与えたのが、A先生の要求に応えて「謝る」ことを決意したカイト君の「ウン」という言葉だったのです。カイト君のこの言葉にA先生の「期待」はさらに強くなっていくのですが、実際にカイト君が取った行動は、頭を下げて謝るというものだったのです。

おそらくカイト君にしてみれば、精いっぱいの表現だったのでしょう。そしてそれは、それまでの自分を大きく変える行動だったのでしょう。

図4は、このカイト君の行動を、A先生の「願い（期待値）」との関係で整理したものです。そしてカイト君のとった行動は、たしかにA先生の「期待値」にまでは届いていないけれど、きちんと評価すべき行動だったのです。

ところがA先生は、このカイト君の行動を、「頭だけ下げる」と記録してしまいました。つまり、ここでA先生は自分の「期待値」から引き算してカイト君の行動を評価しているのです。そしてこうやって、保育者の「期待値」から子どもの行動を引き算して評価するまなざし（保育観）が、無意識の内に発する「だけ」とか「しか」という言葉になって表れているのです（図5）。

重要なのは、保育者としての「願い」を確かにもちながらも、子どもの背伸びする姿を素直なまなざしで評価することです。つまり、すぐに噛みついてしまう「現在の自分」から、頭を下げて謝る「明日の自分」へと背伸びしたカイト君の行動を、素直に「頭を下げた」「頭なら下げることが

できた」と評価する共感的まなざしこそが重要なのです（図6）。

　私はこれを、「しかとだけの教育学」から「ならとをの教育学」への転換の重要性と位置づけ、A先生たちに話したのですが、じつはこうやって、個別的で具体的な事例を、一般的抽象的な概念（理論）につなげる学びができたとき、保育者の「経験に基づく直感」のレベルが上がっていくのだと思います。

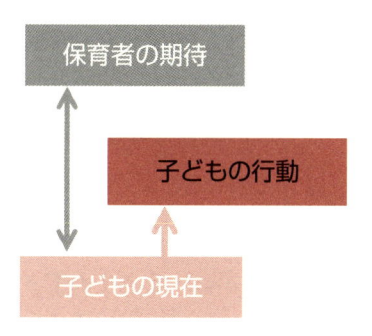

図4　子どもの行動と保育者の願いの間

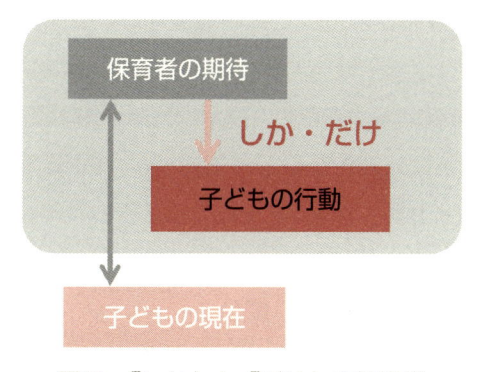

図5　「しか」と「だけ」の教育学

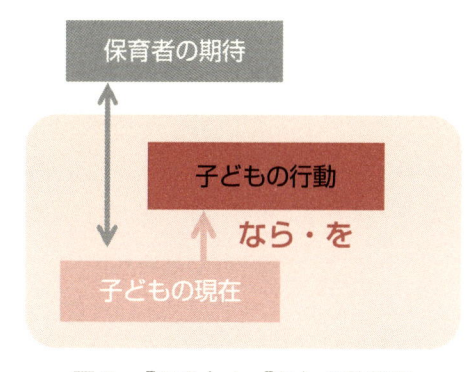

図6　「なら」と「を」の教育学

言葉にしないで頭だけなんだ……

頭なら下げることができるんだ……

やってみよう！　シナリオ型実践記録

6 子どもとつくる保育に道をひらく

　おそらくこのように、保育者の直感で切り取った実践記録が、保育理論と出会うことによって、保育の質は高められていくのだろうと思います。そしてそうした営みを不断に繰り返していくことを通してのみ、保育実践に科学の光をあてることが可能になっていくのです。
　しかしながら、こうやってシナリオ型実践記録を書き続けていくだけでも、子どもを見る眼差しに変化が起きているのです。そして子どもを見る眼差しが変化することで、保育における子どもの位置に、変化が表れているのです。
　たとえばA先生が書いた記録の、次の場面を見てください。

保育者「頭下げるだけじゃ、分からないよ。カイト君、ちゃんとお口で言えるから、お口で言わなきゃ」
カイト　保育士の「お口で」という言葉に対して、自分の口を指差す。
保育者「そう。そのお口で言うんだよ」
カイト「……」　先ほどと同じように、コクッ、コクッと頭だけ下げる。
　注意され、シュンとなるが、保育士を見ようとせず、キョロキョロしている。

　記録を分析する過程で、A先生の語った「最悪の言葉」と私が評した場面です。
　もちろん、その評価に変わりはないのですが、この部分をゆっくり読んで、気がつくことはありませんか。
　じつはこの部分を、カイト君の視点から読み直してみると、同じ場面がまったく違った光景に見えてくるから不思議です。保育者に「お口で」と言われて、思わず自分の口を指さしている場面にしても、「そのお口で言

うんだよ」と言われて、その意味が理解できないまま、ただ頭を下げるしかできなかったカイト君の行動の背後にある「心のドラマ」が、はっきりと見えてくるではないですか。

　じつは、これまでの実践記録は、保育者の視点から実践を記録したものがほとんどでしたが、シナリオ型実践記録の場合は、それぞれセリフを言う人の視点から、記録が書かれている点に特徴があるのです。したがって、保育者に感情移入して読む場合と、カイト君に感情移入して読む場合とで、違う光景が見えてくるのです。

　つまり、シナリオ型実践記録をそれぞれの子どもの視点から読み直すことで、子どもたちが本当に望んでいたことを知ることができるのです。そしてそうした子どもの要求を知ることで、保育計画をつくる営みに子どもたちを参画させていく、子ども参画型の保育実践へと道をひらくことが可能となっていくのです。

コラム3　参画する子どもの権利と実践記録

　1989年に国連総会で採択した「子どもの権利条約」は、子どもに関するあらゆる決定に際しては、「子どもの最善の利益を第一義的に考慮しなければならない」と定めています。

　重要な点は、第12条の意見表明権、第13条の表現の権利を中心として、これまで「保護の対象」と捉えてきた子ども観を、「社会に参加・参画する権利を持った主体」として理解する子ども観へと転換していくことを、権利条約が要求している点にあります。

　たとえば「子ども参画の権利」のレベルを、ロジャー・ハートは8段階に整理していますが、その際、1から3の段階を「非参画の段階」と位置づけています。

1　操り参画・欺き参画の段階
2　お飾り参画の段階
3　形だけの参画の段階

4　子どもは仕事を割り当てられるが、情報が与えられる参画の段階（社会的動員）
5　意見を求められ、情報を知らされる参画の段階
6　大人がしかけ、子どもと一緒に決定する参画の段階
7　子どもたちが始め、子どもたちが指揮をする参画の段階
8　子どもがやり始め、大人と一緒に決定する参画の段階

　保育の中で実践記録を大切にするのも、子どもの参画を保障しようとしているからにほかならないのです。

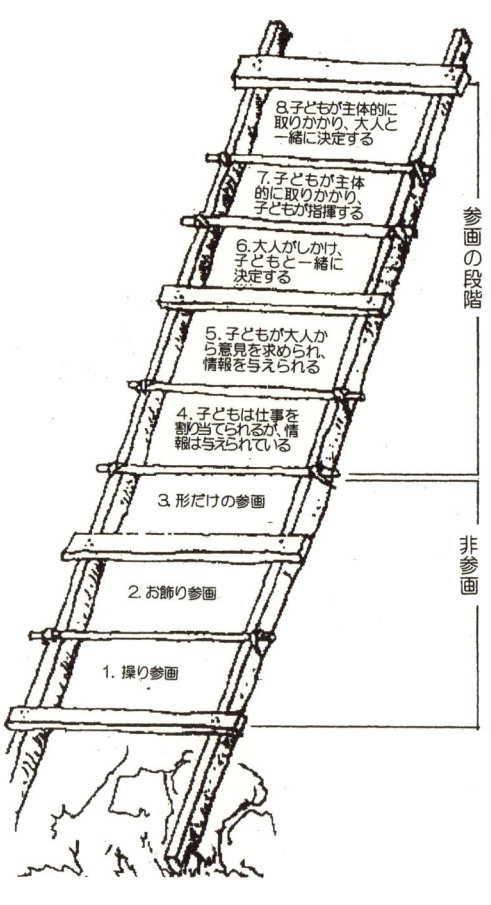

（ロジャー・ハート『子どもの参画』萌文社）

Chapter 3
子どもの声を どう聴きとるか

子どもの声をどう聴きとるか

1 子どもの声を聴きとる教育学

　実践記録を書くことは、子どもの声に耳を傾けることを意味しています。そして子どもの声に耳を傾けることは、子どもの声を出発点に保育実践をつくりだすことを意味しています。

　重要なことは、記録を書くことではありません。<u>記録の中に登場する子どもの声を、具体的な保育実践の過程で、どのように大切にしていくかということが、じつは何よりも大事にされなければならないことなのです</u>。

　こうして子どもの声に耳を傾けることを保育実践の基調に据えようとする教育思潮を、「リスニングの教育学」と命名したピーター・モス（Moss, P.）らは、こうした考えが国際的に広がってきた背景に「子どもの権利条約」の存在がある点を指摘しています。[1] とりわけ、第12条の意見表明権と、第13条の表現の自由に関する規定の影響を受けながら、小さな子どもたちを、自分の考えを持って生きる一人の人間として位置づける思想が、世界レベルで広がっていることの意味を、モスたちは次のような言葉を引用しながら、指摘しているのです。

> 　子どもたちが、自ら理論をつくりだし、判断し、疑問を持つ主体であること、そして知識を構築するプロセスの主人公であると考えるなら、教育実践において何よりも大切にしなければならない行為は、もはや話すこと・説明すること・伝えることの中にではなく、聴くことの中に存在しているのである。(C. Rinaldi) [2]

　つまり、子どもたちはもはや「伝達」の対象ではなく、大人と対等に生きる存在であり、「対話」の相手として尊重されなければならないという

[1] Clark, A., Kjørholt, A. T., & Moss, P. (Ed) 2005 Beyond Listening: Children's perspectives on early childhood services, The Policy Press University of Bristol: UK, p.2

[2] 同前、p.7

56

のですが、もちろん、ただ子どもの声に耳を傾け、子どもの声を聴いていればいいというわけではありません。

聴きとらなければならないのは「子どもの思考」であり、尊重すべきは「思考する主体」としての子どもだと言うのです。

> 子どもの思考に正しく耳を傾けるとか、対話の相手である子どもの声に耳を傾けるということは、語られてはいないが、語られようとしていることを、能動的に聴こうとすることなのである。(B. Readings)[3]

3) 同前、p.6

ここには子どもの声に耳を傾けることの意味を考えるうえで、大切な視点が提示されています。つまり、子どもの声に耳を傾けるということは、彼らが語った言葉を受け止めながら、それを「語られてはいないが、語られようとしている」ことにまでつなげていく聴き方をすることだとモスたちは言うのです。

じつはこの視点を正しく持たないと、子どもの声に耳を傾ける保育実践は、子どもの言いなりになってしまう危険性があるのです。

いや、それだけではありません。こうして子どもの声を聴くことを徹底していくということは、「一人ひとりの中に違った考えがあることを尊重することであり、一つの価値観に子どもたちを同質化させていくことに抵抗すること」を意味しているのです。とりわけこうした、「異質な他者を尊重する」思想は、1980年代半ば以降、世界規模で拡大していったとモスたちは指摘しています。

つまり、それぞれの子どもに違った考えがあり、それを尊重しあいながら保育実践をつくりだしていくことが大切ということなのですが、さらにその際、子どもたちを次のような存在として位置づけることを忘れてはいけないと述べている点も重要です。

> ①子どもたちは、自ら決定する権利を持つべき存在であること
> ②子どもたちは、自分たちで社会的集団をつくる存在であるということ
> ③子どもたちは、社会に対して大切な貢献をする存在であること

こうして時代は、現在を生きる子どもたちが多様な他者を認めあいながら、社会の一員として生きていくことを可能にする、そんな保育実践をつくりだすことを求めるようになってきました。

じつは本書のテーマである実践記録を書くという営みも、こうした大きな歴史の中に位置づいていることを忘れてはなりません。そして、保育者によって書きとられた記録は、子どもの声を正当に聴きとり、その声を尊重し、その声を出発点に実践をつくりだすことができているかどうかという視点から、常に評価される必要があるのです。

繰り返しますが、実践記録を書くことが重要なのではありません。記録の中に実践の事実を描きだし、描きだした事実の中に、保育実践の「真実」を読みとっていくことが重要なのです。

問われているのは保育の哲学であり、思想なのです。

そしてその哲学や思想が、とりわけ乳幼児を対象とする保育実践の場合、子どものところに直接届けられるのではなく、保育者という人格をくぐって子どものところに届けられていく点に、保育実践を科学する難しさとともに、面白さがあるのです。

つまり、「保育の質は、人次第」ということなのですが、そのあたりの問題を、2歳児を担当するT先生の実践記録から考えてみることにしましょう。

コラム4　パウロ・フレイレに学ぶ対話の教育学

　子どもと「対話」する保育を、子どもと「会話」する保育だと誤解する人が時々いますが、「対話」と「会話」は同じものではありません。

　たとえば、「会話」があっても「対話」がない関係はよく見かけますし、その逆に「会話」がないのに「対話」が成立することだってあるのです。

　「対話」とは、お互いを人間として尊重しあう関係を表現した言葉であると同時に、そうした関係をつくりあげる方法概念を表現した言葉です。

　教育という営みを「対話」の思想で読み解いた教育学者にパウロ・フレイレ（Paulo R. N. Freire : 1921-1997）がいますが、彼は教育において「対話」が成立する条件を、次のような言葉で整理しています。

1　対話は、世界と人間に対する深い愛がなければ存在しえない。
2　愛は対話の基礎であると同時に、対話そのものである。
3　対話は、謙譲を欠いても存在しえない。
4　自己満足は対話と両立しない。
5　対話には、人間に対する力強い信頼が必要である。
6　愛と謙譲と信頼に根ざすとき、対話は対等の関係になり、その論理的帰結として参加者相互の信用が生まれる。
7　対話は希望がなければ存在しえない。希望は、人間が未完成であるからこそ生まれるのである。
8　真の対話は、批判的思考を含まない限り存在しえない。その思考は、世界と人間との不可分の結びつきを認め、その二分化を許さない思考である。現実を動かないものとしてではなく、過程や変容ととらえる思考である。

（『被抑圧者の教育学』亜紀書房）

　つまり、他者と対話するためには、相手に向かって話すことよりも、相手の思いに耳を傾けることのほうが重要になるのです。そして、相手の声に耳を傾けながら自分を変えていくことが重要になってくるのですが、そんな人間の姿を、フレイレは、さらに次のようにも語っています。

誰かが誰かを教育するのではない。
自分を自分一人で教育するのでもない。
人は自らを教育しあうのだ、
相互の交わりの中で。

（『希望の教育学』太郎次郎社）

子どもの声をどう聴きとるか

2 保育者に子どもの声はどう聞こえているのか

　これから紹介するのは、ごっこ遊びに興じる2歳児クラスの子どもたちの姿を綴った記録です。2歳児クラスといっても、ほとんどの子どもが満3歳になっているのですが、子どもたちはうそっこのお弁当やジュースをバッグに詰めて、長座布団の上で「ままごと遊び」に興じています。

　そんな中、ヨシコちゃんとユズちゃんの間で、座布団をめぐって小さな事件が勃発したというのですが、その時の様子をT先生は次のように記録しています。

シーン 1
ユズを座布団に入れてやらないヨシコ

　長座布団1枚に2人ずつ仲良く座ってままごとが始まったが、ヨシコちゃんの座布団に一緒に座ろうとしたユズちゃんに対して、いきなりヨシコちゃんが拒否の言葉を……。
ヨシコ「ここ、ヨシコちゃんの所だから、はいらないで！」
ユズ　「だって、ユズちゃん座るとこないもん……」
　（ああ、また始まった。いったいユズちゃん、どうするかな？）

　自我と自我とがぶつかり合う2歳児の姿に、「ああ、また始まった」と嘆きの言葉を心の中でつぶやいたT先生ですが、そんなT先生をさらに苛立たせたのが、ユズちゃんに対してヨシコちゃんのとった行動です。

ヨシコに拒否されて、「しかたないなあ」といった感じであきらめて、別の座布団に入れてもらおうとするユズだが、どこの座布団からも、「もうはいれないよう」と断られてしまう。

保育士「ユズちゃん、困ってるよ！　ヨシコちゃん、入れてあげたら？」

ヨシコ「だってー。ヨシコちゃんのお布団、せまくなっちゃうもん」

　（まったくー。なんだかんだと理由をつけて、けっきょく入れてあげないんだから。）

保育士「あっそう、じゃあいいです！　ユズちゃん、おいで！」

　長座布団がないので、代わりに大きめのマットを敷いてユズちゃんを誘った。

ユズ　「ありがとう！」

　ユズは嬉しそうに、私の用意したマットに座る。

　もちろん、ヨシコちゃんに対する感情的な対応が、「あっそう、じゃあいいです」というT先生の言葉になったというわけではないのだろうと思います。

　しかしながら、記録の途中に書き込まれた、（ああ、また始まった）（まったくー）というT先生の心の声を読んでいると、どうもここには、ヨシコちゃんを見つめるT先生の無意識の価値観が働いているように思えて仕方ありません。

　それを「偏見」とか「先入観」という言葉で表現するのは言い過ぎのよ

うな感じがしますが、そこに何らかのバイアスがかかっていることは否めません。おそらく、同じことをユズちゃんがしたら、T先生はもう少し違った対応をしたのだろうと思います。

シーン 2　おうちごっこからお風呂ごっこへ

　ところでヨシコちゃんに拒否された後、先生に救われる形で遊びに入ったユズちゃんですが、その後、「じゃあさ、みんなでお弁当食べようよ！」というアズサちゃんの声をきっかけに、ユズちゃんもいっしょにお弁当を食べる輪の中にはいって行ったといいます。
　じつは、こうして始まった遊びの輪の中に、ユズちゃんを拒否したヨシコちゃんは、はいっていなかったというのですが、そのヨシコちゃんを「排除」した状態で、今度はT先生を交えて、遊びが面白く展開していくのです。

アズサ「じゃあさ、みんなでお弁当食べようよ」
保育士「わあ！　先生も入れて」
子どもたち「いいよ」
リョウコ「リョウコねえ、お仕事行ってくるね！」（こう言いながら、鞄を下げていく）
アズサ・ユズ「学校行ってくるね」
ハルコ・シホ「私たちも仕事に行ってきます」
保育士「じゃあ、ごはん作って待ってるね！」
子どもたち「ハーイ、わかった」
　しばらくすると、それぞれ「ただいま」と言いながら帰ってくる。
　その後、ご飯を食べて、みんなで大きいマットで寝て、また翌日になり、それぞれの子どもが会社や学校に出かけていく。子どもたちがみんな出かけていくと、その間についたてを用意し、お風呂に見立てて待っている。
　子どもたちは「ただいま」と言いながら帰ってくる。みんなでご飯を食べて

から、「お風呂が沸いているから、みんなでお風呂に入りましょ」と誘うと、体を洗ったり、シャンプーをしたりと、お風呂ごっこが盛り上がる。

　3歳になった子どもたちが繰り広げるごっこ遊びの世界に、自然に入り込み、子どもたちのイメージを広げていく、じつにステキな関係が展開されていることがわかります。そしてこんな関係を、さりげなくつくりだすことのできるT先生の対応に、保育者としてのセンスの良さを感じます。

　そして、子どもの中に広がる「面白さ」を広げる実践の中に、保育実践における遊び（ごっこ遊び）指導の原則のようなものを見いだすことができるようにも思えます。

　そんなT先生が、この遊びの外側にいるヨシコちゃんに対して、どんなかかわりをしていくのか、これまた気になるところです。

シーン 3

「なんか、これがヨシコちゃんの座布団にのっかってきた」

　さて、ユズちゃんを排除して、結果的に一人で遊んでいたヨシコちゃんですが、お風呂ごっこに盛り上がる仲間の姿を見て刺激を受けたのか、自分の使っている長座布団を、少しずつ近づけてくるのです。

　子どもたちがお風呂遊びを楽しんでいるとき、それまで一人で悠々と遊んでいたヨシコが、少しずつ自分の長座布団を、大きいマットに近づけてくる。そして、遊びの中でまた翌日になり、子どもたちみんなが出かけていくと、ヨシコは自分の長座布団のへりにお風呂のついたてがあたっていると私（保育士）に言いがかりをつけてきた。
ヨシコ「なんか、これ（ついたて）がヨシコちゃんの座布団にのっかってきた！」
保育士「ええっ！　お風呂は動いていないよ！」
ヨシコ「だって、ここにくっついちゃったんだもん」
保育士「それは、ヨシコちゃんがくっついてきちゃったからでしょ！」
ヨシコ「違うよ、ヨシコちゃん、何もしてないもん！」
保育士「そお？　ヨシコちゃん、さっきまであっちにいなかったっけ？」
ヨシコ「だってさ、だってさ……」繰り返しながら、泣き始める。
　（またぁ……。すぐ泣いちゃうんだから。）
保育士「どうしてヨシコちゃんが泣くの？」
　しばらく泣いた後、ヨシコは私に訴えてきた。
ヨシコ「だって、ヨシコちゃん、お風呂はいりたかったんだもん」
保育士「じゃあ、入れてって言えばよかったでしょ」
　私とヨシコのやりとりを見ていた子どもたちが、割り込んでくる。
リョウコ「いいよ、ヨシコちゃんも、はいっていいよ」
子どもたち「いいよ」
保育士「よかったね。ヨシコちゃんはさっき入れてあげなかったのに、ユズ

> ちゃんも入れてくれたよ。お礼、言わなきゃ」
> ヨシコ「ありがとう」（何もなかったようにお風呂に入って遊び始める。）

　自分の長布団をついたてに重ねるヨシコちゃんの行動の中に、健気に揺れる3歳児の心の動きを感じとることができますが、気になるのはそれに対するT先生の対応です。

　何といってもシーン2では、あんなに子どもと響きあっていたT先生が、ことヨシコちゃん相手となると、けっこうムキになって臨んでいるのです。そこまでムキにならなくても、と思ってしまう場面ですが、これがT先生の意図した行動なのか、無意識にとってしまった行動なのか、気になるところではあります。

子どもの声をどう聴きとるか

3 保育者の目が曇るとき子どもが見えるとき

　さて問題は、この実践を展開している間、T先生に子どもたちの声はどのように聞こえていたかという点です。

　全体を通して感じるのが、シーン2におけるT先生のステキなかかわりです。おそらくこの遊びを展開している間、心地よく子どもたちの声はT先生に響いていたのだと思います。ごっこ遊びに興じる子どもたちの姿に共感的にかかわりながら、それをもっと面白く発展させようと夕食をつくり、お風呂をつくっていく、絶妙な「ひらめき」と「間」の取り方には、「さすがプロの保育者」と思わないではいられません。

　大切な点は、こうして子どもの声が心地よく保育者の心に響くとき、保育者の直感的応答力のほうも活発に働いている点にあります。そしてこのように直感的応答力が感度よく働くとき、保育者の頭の中には、子どもたちの「現在の要求世界」と「明日の要求世界」とが、瞬間的に映しだされ

```
保育者の専門性

A　概念的知性
記号的知性：保育思想・理論

B　直感的応答力         ひらめき  ← 明日の要求世界
身体的知性・直感・感性            → 現在の要求世界
                                  保育実践
```

図7　保育者の直感的応答力が生き生きと機能するとき

ていくのです（図7）。

　保育が面白く動くときというのは、こんな感じで保育者が保育実践に向き合うときなのだろうと思います。そして子どもの要求世界が「現在」と「明日」の二重構造で見えるとき、子どもと保育者との共同作業で保育計画が立ち上がっている、そんな感覚が広がっていくのでしょう。

　ところがこんなステキな直感的応答力を発揮するT先生なのに、シーン1とシーン3においてヨシコちゃんに対応する場面では、この直感的応答力がまったく有効に機能していないのです。

　たとえば私は、これを「先入観」「偏見」「バイアス」という言葉で紹介しましたが、ヨシコちゃんの中に広がる要求世界と、T先生の直感的応答力との間には、何らかのバイアスがかかっているとしか言いようがないのです（図8）。

　もちろんT先生にしても、ヨシコちゃんに悪意があるわけでも、彼女を差別的に扱おうとしているわけでもないのでしょう。そして、ヨシコちゃんに対して、ただ感情的になっているというわけでもないのでしょう。

　しかしながら、T先生の無意識世界に残る感情的な部分がバイアスとなり、ヨシコちゃんの声を素直に聞くことを拒む身体が、T先生の中につくられていることは事実なのです。そしてそれは、ユズちゃんを拒否したヨシコちゃんの姿に、「ああ……、また始まった」「まったくー」と「心の声」を発した時点から、始まっているのです。

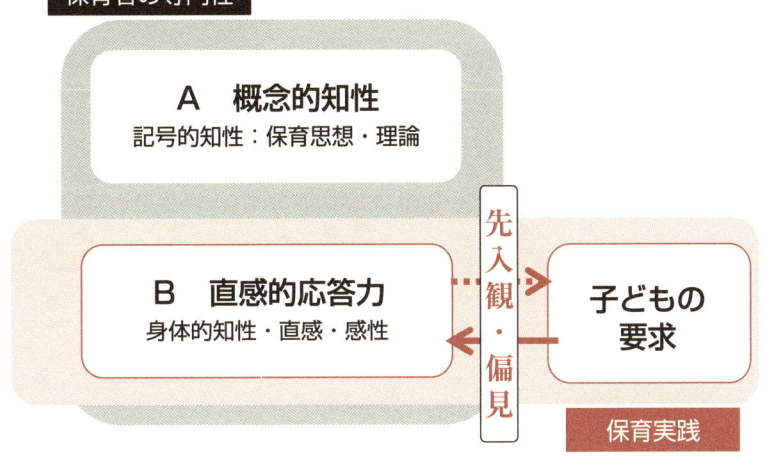

図8　保育者の先入観が子どもの要求を歪んで聞かせるとき

保育者の専門性

A　概念的知性
記号的知性：保育思想・理論

B　直感的応答力
身体的知性・直感・感性

子どもの要求

先入観・偏見

保育実践

おそらくこのバイアスを取っ払ってシーン３に臨むことができていたら、この実践はまったく違ったものになっていたのだろうと思います。
　そうなのです。この実践の一番のポイントは、「なんかこれがヨシコちゃんの座布団にのっかってきた」と言ってきたヨシコちゃんに対して、「ええっ！　お風呂は動いてないよ！」と切り返したＴ先生の言葉と、その後の対応の中にあったのだと思います。
　たとえば、「なんかこれ（お風呂）がヨシコちゃんの座布団にのっかってきた」と、あれこれ知恵を使いながら参加を試みるヨシコちゃんの行為を、３歳児の「ほほえましい努力」と感じとったとしたら、おそらくその対応は、もう少しやわらかいものになっていたに違いありません。
　「だって、ここにくっついちゃったんだもん」と語るヨシコちゃんに、「あら、不思議なことがあるもんですねえ」と応じながら、気分は「ごっこ」という空気の延長線上でヨシコちゃんを遊びの中に巻き込むことだって可能なわけです。
　ところがＴ先生は、そんなヨシコちゃんに対して、あくまでも真面目に、あくまでも教育的に働きかけていくのです。

ヨシコ「だって、ここにくっついちゃったんだもん」
保育士「それは、ヨシコちゃんがくっついてきちゃったからでしょ！」
ヨシコ「違うよ、ヨシコちゃん、何もしてないもん！」
保育士「そお？　ヨシコちゃん、さっきまであっちにいなかったっけ？」

　そうなのです。ヨシコちゃんの懸命な「言い訳」に、Ｔ先生はあくまでも真面目に、知的に論争を挑んでいくのです。そしてそんなやりとりに耐えられなくなったヨシコちゃんは、「だってさあ」と言いながら泣き出してしまうのですが、それでもＡ先生は、ヨシコちゃんに対して「教育的」にかかわり続けていくのです。

保育士「どうしてヨシコちゃんが泣くの？」
ヨシコ「だって……。ヨシコちゃん、お風呂はいりたかったんだもん」
保育士「じゃあ、『入れて』って言えばよかったんでしょ」
　私とヨシコのやりとりを見ていた子どもたちが、割り込んでくる。

リョウコ「いいよ、ヨシコちゃんも、はいっていいよ」
子どもたち「いいよ」
保育士「よかったね。ヨシコちゃんはさっき入れてあげなかったのに、ユズちゃんも入れてくれたよ。お礼、言わなきゃ」
ヨシコ「ありがとう」（何もなかったようにお風呂に入って遊び始める。）

　保育実践という営みは、「主観」を持った子どもと、「主観」を持った保育者との間でつくりだされる「間主観的」実践であることを特徴としています。したがって、保育者の主観世界を抜きに保育実践を考えることは不可能なのですが、そこに「先入観」のバイアスが入ってくると、とたんに子どもを見る眼差しが曇ってくるのです。

　保育者の主観世界を大切にしながら、それを「先入観」や「偏見」から自由にしていくためにも、実践記録を書く営みが重要な意味を持ってくるのです。

記録に取り組んでみて　〜戸惑ったこと〜

■何を書いたらいいのか悩んでいた時、先輩の先生に「いいことばかり書かなくていいんだよ」と言われた。楽しかったことだけではなく、子どもとかかわる中で大変だと感じること、迷うことなども書いていいんだとわかり、「そんな内容だったらたくさん書けるかも」と思えるようになった。（保育経験6年）

■「実践記録」というと「子どもの姿→手立て→その後の変化→考察」のように書かなければとプレッシャーを感じていたが、加藤先生のお話を聞いてからは意識が変わった。「こういう場面があったよ」と、まずは自分の着眼点として記録をして、それを皆に伝えることが大事なのだと思うようになった。（主任保育士）

■初めはどこに焦点を当てて書いたらいいのかわからず、しかも事実と自分の思いが混ざった文章になり、子どもの姿やポイントがとらえにくい記録となってしまっていた。誰かに見てもらうためではなく、自分自身の保育や、子どもの姿・成長・変化を客観的にとらえるために必要なものなのだと実感できるようになると、日々の保育の中で「あ！　これ書こう！」と思えることが増えてきた。（保育経験6年）

子どもの声をどう聴きとるか

4 「聴きとる保育」に潜む5つの危険性

　実践記録を書くことは、子どもの声に耳を傾けることを意味しており、子どもの声に耳を傾けることは、そうやって聴きとった子どもの声を出発点に保育実践をつくりだすことを意味すると、1節で述べました。

　たとえばそれは、子どもたちを保育実践の「共同構成者」と位置づけ、「子ども参画の保育実践」を創造しようとする営みでもあるのですが、その際、以下に示す5つの危険性を意識することが重要だと、先に紹介したピーター・モスらは指摘しています。1)

　つまり、「リスニングの教育学」に潜む5つの危険性です。

1)
同前Beyond Listening、pp.10-11

> **リスニングの教育学に潜む危険性①**
> 　子どもの声を聴くことの過度な強調は、強い言葉をもたない子どもを、不利な立場に追いやる危険性をもっている。
> 　権力的関係や不平等さを意識しないまま行われるリスニングは、優遇されるエリートと、辺境に置かれた移民のように、その効果を逆に歪めてしまうことがある。

　これは、よくわかる指摘だと思います。クラスで話し合いをするとき、たしかに子どもの声を聴いてはいるのだけれど、それがいつも同じ子どもの声だったり、口の重い子どもの声は無視されていたりということが、実際にはよくあるのではないでしょうか。

　こうしたことを繰り返していると、クラスの中につくられた子ども同士の力関係が固定化され、より強くなっていくというのです。

　もちろん、あまり話さない子どもに、積極的に意見を言わせろと言っているのではありません。声にならない子どもの声を聴きとり、その声にな

らない声を活かす保育を、子どもと一緒につくりだしていくことが大切だというのです。

> ### リスニングの教育学に潜む危険性②
> リスニングのプロセス自体が、権力的関係を壊したり、権力に抵抗したりするのではなく、逆に権力的関係を支えるように機能する可能性がある。
> この場合、子どもの参加、子どもの声を聴くこと、子どもが自分で決めることは、管理を有効にするための方略となる危険性がある。

子どもの声に耳を傾ける努力をしても、それを、保育者に都合のよいように解釈し使うのでは意味がありません。子どもを保育実践の<u>「共同構成者」</u>と位置づけるということは、<u>子どもの声を聴くことで保育者の計画が変更され、子どもとの関係に変更が加えられること</u>を意味しているのです。

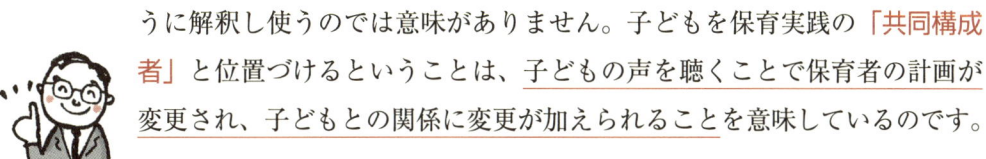

> ### リスニングの教育学に潜む危険性③
> 子どもを中心に置き、子どもの権利を保障するという見せかけの仮面の裏側で、大人の注視の下に子どもを置き、より効果的に子どもを統制する手段としてリスニングが機能する危険性があること。

子どもの声を聴くことが、より「効果的に子どもを統制する手段」となることがあるという指摘は、おそらく多くの保育者に思い当たるところがあるのではないでしょうか。保育者に命令されたり、指示されたりすると、子どもだって反発することも可能です。しかしながら、自分で選び、選んだことに責任を負わされているうちに、けっきょく保育者の期待するところに連れて行かれてしまう、そんな「巧妙な」保育実践をされてしまうと、子どもたちは自分の考えをもつ余裕も奪われてしまいます。

実際には「管理的」な保育実践を展開しているのに、「子どもの権利を保障する」保育と自負してやまない矛盾した関係が、問題を複雑にしてしまうということなのです。

> ### リスニングの教育学に潜む危険性④
> リスニングと参加の強調は、自発的で利己的な個人という歪んだ自由主

> 義や、新自由主義が理想とする主体へと子どもを育てる危険性がある。

　この指摘には、少し説明が必要かもしれません。そもそも「歪んだ自由主義」とか、「新自由主義」という言葉の意味が分からないという人が一方にいるかと思えば、保育実践について議論するにあたって、そんな問題まで考えなければいけないのかと考える人まで、実際にはかなり幅広い疑問が、この指摘をめぐっては存在しているのだろうと思います。

　たとえばここで「新自由主義」という言葉について詳しく説明するだけの余裕はありませんが、よく「良い商品が売れるのではない、売れた商品が良い商品なのだ」という言葉で説明されたりするように、市場が正しさを決定するという経済理論だと、ここではとりあえず理解しておけばいいと思います。

　こうした価値観が求める人間は、自分で選択・決定（自己決定）し、選んだ内容に自分で責任（自己責任）を持つ人間なのですが、それは同時に、商品化社会の中で商品を自由に選ぶ人間のことでもあります。「あなたが選んだんでしょ」と、成功も失敗も自己責任で片づける保育に陥る危険性の指摘ということかもしれません。

> **リスニングの教育学に潜む危険性⑤**
> リスニングによって聴きとられた「声の確実性」が、文脈を無視した事実の記述として機能する危険性がある。

　最後の指摘については、実践記録に内包する「危険性」として認識しておく必要があるかもしれません。

　つまり、文字に記録された内容は、「事実」の記録として残されているわけですから、否定しようがない保育の「証拠」でもあるのです。しかしながら、子どもの言葉を字義どおり理解すると、逆に本当のことを見失ってしまうことだってあるのです。子どもの言葉が出てきた文脈を読みとり、その背後に隠された本当の思い・願いと対話する努力をしないかぎり、子どもと対話する保育をつくりだすことはできないのです。

子どもの声をどう聴きとるか

5 記録に表れる無意識の管理主義

　子どもの声に耳を傾けると言いながら、実際には保育者の都合の良いように子どもの声を解釈したり、聴きとることで管理を徹底したり、あるいは自己選択＝自己責任という「新自由主義的人格」の形成に手を貸す結果になったりと、子どもの権利に逆行する保育実践が「子どもの声を聴きとる」という「仮面」の裏側で展開される危険性をモスは指摘し、その危険性を超える保育実践を「ビヨンド・リスニング」（聴きとることを超えて）という言葉で表現したのですが、こうした視点をもつことは日本の保育実践を考えるうえでも重要です。

　重要な点は、実際の保育実践において、先に示した５つの危険性が、複合的に表れてくる点にあります。そしてその危険性は、毎日繰り返される日常の中に、潜んでいる点にあります。

　たとえば、次に示す実践記録は、ある４歳児クラスのアユミちゃんと保育者のかかわりを書いた記録です。仲間との関係がうまくつくれず、保育者の言葉を無視して園内を勝手に動き回ることの多いアユミちゃんとの関係に苦慮していたＨ先生が書いた小さな記録です。

がんばれない、ちゃんとできないよ
（４歳児クラス）

アユミは、ままごと用のドレスを着たまま、犬のぬいぐるみをだっこした状態で、外で遊んでいる。片づけの時間になり、皆が片づける中、私（保育者）のところにやってくる。
アユミ「私のお願い聞いて！　今日、このドレスを着て帰ってもいい？」

73

保育者「いいけど、じゃあ先生のお願いも聞いて」
アユミ「わかってる！　明日、返してってことでしょ？」
保育者「それもそうだけど…」
アユミ「そんなの、言われなくっても分かってるよ」
保育者「あともう一つ、お片づけしたら、お部屋に帰ってきてね」
　そんな会話をしながら、私（保育者）は部屋に戻る。
　その後、アユミは部屋には戻らず、職員室前のウサギを見ている。しばらくしてアユミのそばに行き、アユミに話しかけた。
保育者「お部屋で待ってるよ」
アユミ「私、がんばれない、ちゃんとできないよ。まだ、4歳だもん。たんぽぽさん（3歳児クラス）と同じだもん」
　けっきょく、母親が迎えに来るまで、この日は保育室に戻ってくることはなかった。

【保育者の思い】
　片づけの時間になっても片づけをせず、部屋に集まる時にも入ろうとしないアユミと、どのように向き合っていったらいいのだろうか。アユミの自分勝手とも思える行動を、どのように受け止めたらいいのだろう。
　私が今まで、「がんばって」「できるよ」という思いで励ましていた言葉が、逆にアユミを苦しめていたのかもしれない。「ちゃんとすること」を求めすぎていたのかもしれない。

H先生の書いた記録をもとに園内でアユミと保育者のかかわりを議論し、保育者たちはアユミが最後に語った「がんばれない、ちゃんとできないよ」という言葉を、「できないけど、頑張っているんだよ」と葛藤する4歳児の声として聴きとることが大切だと考えるようになっていったといいます。

　じつは、こうしたアユミの行動の背景には、複雑な家庭の事情も存在しているということですから、この場の対応について、ここで一般的な議論をすることは差し控えるべきだと思います。そしてそのうえで、「私、がんばれない」と訴えるアユミの言葉を、「できないけど、がんばっている」と葛藤する「心の声」として聴きとろうと話し合ったことは、実践記録をもとに議論を進めていった成果として評価していいと思います。

　しかしながらそうした成果を認めながらも、私が気になってしかたないのは、その前に語ったH先生の言葉です。

アユミ「私のお願い聞いて！　今日、このドレスを着て帰ってもいい？」
保育者「いいけど、じゃあ先生のお願いも聞いて」
アユミ「わかってる！　明日、返してってことでしょ？」
保育者「それもそうだけど…」
アユミ「そんなの、言われなくっても分かってるよ」
保育者「あともう一つ、お片づけしたら、お部屋に帰ってきてね」

　この場面におけるアユミの交渉内容は、ルールにもとづく、論理の通ったものだと考えることができます。借りたものを返すという社会のルールは「言われなくっても分かる」と主張し、そんなことはきちんと守ると保育者に宣言しているのです。

　じつは、この場面では本来、これ以外に持ち込む社会的ルールは存在しないはずなのです。ところがここでH先生は、アユミの要求を認める交換条件として、「お片づけしたら、お部屋に帰ってきてね」というまったく関係ない要求を持ちだしているのです。

　おそらくH先生にしてみたら、本当に自然な気持ちでだした交換条件だったのだと思います。しかしながらこれを子どものほうから言って来たら、いったいH先生はどう対処したのでしょうか。「それはこの際、関係

ないでしょ」と拒否するのではないでしょうか。

　じつはこうした言葉を気楽にだしてしまう所に、権力的関係を疑うことなく保育する保育者の、無意識の権力性があるとモスは言うのです。そしてそれに加えてこの場面で発したH先生の言葉は、いつものアユミの姿に問題を感じているH先生の、「心の声」を、結果的に伝えることになっているのです。

　ドレスの貸し出しには、そのルールだけできちんと対応することが大切です。そして「分かってる」というアユミの言葉をきちんと受け止め、「さすが4歳ですね」と大きくなろうとするアユミの願いを認めてやることです。そのうえで、翌日ドレスを返しにきたアユミに対して、少し大げさなくらい約束を守ったことを評価する……。そんな当たり前のかかわりを、ていねいに繰り返していくことで、「明日の自分」に向かって心地よく背伸びする、そんな自分と出会う保育をつくりだすことができるのです。

　重要な点は、「理想的で確実な子ども像」に子どもの声を近づけるのではなく、子どもの声を「多様で変化に富んだもの」としてとらえ、それに誠実に応えていくことにあります。そして乳幼児の段階から、自分の声をていねいに聴きとられ、大切にされた子どもだけが、やがて他者の声をていねいに聴きとることのできる「対話する主体」へと成長していくことができるのです。

Chapter 4

記録を書くと保育が変わる!

記録を書くと保育が変わる！

1 実践記録を大切にする世界の保育

　実践記録を保育実践展開の必須事項に位置づけることで国際的に注目を集めているのが、イタリアの小都市、レッジョ・エミリア市で展開される<u>レッジョ・エミリア・アプローチ</u>と、ニュージーランドの<u>ラーニング・ストーリー・アプローチ</u>（「学びの物語」アプローチ）です。

　1991年に「ニューズウィーク」誌が、「世界で最も先進的な教育」を展開する10の学校の一つとして報じたことをきっかけに国際的注目を集めるようになったレッジョ・アプローチは、一般にプロジェッタツィオーネ（プロジェクト）の活動で特徴づけられたりしますが、その展開過程において表裏の関係に位置づけられているのがドキュメンテーションと呼ばれる「実践の記録」です。

　たとえば、レッジョ・エミリアで実践されているドキュメンテーションについて、幼児教育主事であったカルリーナ・リナルディは、次のように説明しています。

> ドキュメンテーションは、大人と子どもの行為が織り交わっていることを、適時に目に見えるようにする長所があり、コミュニケーションと関わりの質を高めます。ドキュメンテーションは、教師が子どもの学びを援助しながら、自分も子ども自身の学びから教え方を学ぶことを可能にします。1)

　つまり、教師と子どもがつくりだす保育実践の全過程を記録したものがドキュメンテーションなのですが、レッジョの保育実践を展開するうえでドキュメンテーションが果たす役割に関しては、さらに次のようにも説明されてきました。

1) 佐藤学監修、ワタリウム美術館編『驚くべき学びの世界―レッジョ・エミリアの幼児教育』株式会社ACCESS、2011年、p.180

> 　教育的ドキュメンテーションは、教育や学校のプロジェクトを進める上で、文化的、解釈的な基盤であり、理論的、実践的なツールです。
> 　教育的ドキュメンテーションによって、学ぶことと教えることの双方がどのように進んでいるかが可視化され、価値づけられ、子どもや大人が、経験のストラテジーの質を見きわめ自己評価することが可能になります。
> 　ドキュメンテーションは、複雑な語りによって教育と教育文化、能力の認識、人間形成のプロセスといった子どもと大人の知識と文化が豊かに編み込まれたものを総合し、再構成するのです。2)

2) 同前、p.25

　一方、1996年にニュージーランドのナショナル・カリキュラムとして制定された「テ・ファリキ」を具体化していく過程で、新しいアセスメント・アプローチとして創造されたのが、ラーニング・ストーリー・アプローチ（「学びの物語」アプローチ）です。

　このアプローチは、「有能な学び手」として位置づけられた子どもたちが、多様な形で「学びの物語」をつくりだしていく営みを実践の特徴としていますが、そうしてつくられる「学びの物語」を記録していく作業を「記録づくり」という言葉で呼んでいます。

> 　記録づくり（documenting）は、学びの姿やアセスメントを書面として書き留めたり他の何らかの方法で記録に残したりすることである。その中には、説明が添えられた子どもたちの作品等も含まれるだろう。3)

3) マーガレット・カー（大宮勇雄・鈴木佐喜子訳）『保育の場で子どもの学びをアセスメントする―「学びの物語」アプローチの理論と実践―』ひとなる書房、2013年、p.223

　重要な点は、こうして実践される記録づくりの営みと、「学びの物語」をつくりだしていくカリキュラム創造の実践とが不可分の関係にあることを、開発者の一人であるマーガレット・カーが次のように述べていることです。

> 　記録づくりは、実践者が子どもたちを理解し、子どもたちの学びを計画し、価値観を分かち合う学びの共同体を確立するという、より広範なプロセスになくてはならないものとなった。4)

4) 同上、p.246

さらにこうした議論とともにカーは、記録づくりの実践を展開していく過程で、「学びの外にあるもの」から、「学びを促すためになくてはならないもの」へとアセスメントに関する考え方が転換してきたと指摘しているのですが、これは重要な指摘です。「アセスメントは学びと教育的働きかけの終了後に行われる」という旧来の考え方を、**「クラスの活動や相互のやりとりの中に織り込まれていく」**5) ものとして捉えるようになってきたというのですが、これはレッジョ・エミリアの場合も同じです。

5) 同前、pp.245-246

　つまり、レッジョ・エミリアにおいてもニュージーランドにおいても、<u>実践記録は実践創造とともにあり、両者は常に表裏一体の関係にある</u>ということなのです。そしてそれは、子どもの育ちの記録であると同時に、「次にどうするか判断する」6) 資料として機能させることを考えながら整理されていくものなのです。

6) 同前、p.247

コラム5　実践記録を活かす保育の条件―権利としての実践記録―

　実践記録の話をすると、きまって出てくるのが「記録を書く時間がない」という保育者たちの声です。

　とくに、保育所に働く保育者にとってそれは深刻な問題です。子どもから離れ、子どものことを語り合う時間が正当に位置づけられていない現実の中、記録を書く努力を継続していくことは、精神的にも身体的にも、かなり重い負担となっているのが現実なのです。

　しかしながらそれでは、時間があれば記録が書けるのかと問われると、これはまた別の話になります。記録を書くことをオプションの仕事と位置づけている保育者は、他の仕事が終わった後にしか記録を書きませんし、一年間に一度か二度記録を書いて満足しているというのが現実なのです。

　大切なことは、記録を書くことではありません。書いた記録を基に子ども・保育を語り合い、保育カリキュラムをつくりだす、その営みこそが重要なのです。つまりすべての保育者に保障すべきは、保育実践を真摯に語りあう園内研究の環境であり、その研究の質を高める手段の保障なのです。

　たとえば、本書の中にも登場してきたレッジョ・エミリアの保育に共同研究者として関わったキャロリン・P・エドワーズは、レッジョの保育者たちが研究に取り組む様子を、次のような言葉で語っています。

　知的な葛藤は、レッジョでは、すべての成長の活力として理解されている。したがって教師は、子どもたちの間の意見の葛藤を抑圧することより、引き出すことを求めている。同様に教師の間でも、意見の不一致を受け入れ、継続的なディスカッションや建設的な批評を期待している。これこそが前進のための最善の方法に思われる。チームワークと不一致を受容するなかでの教師の喜びは、子どもたちと親にモデルを提供している。

　　（C・エドワーズ他編『子どもたちの100の言葉』世織書房、p.290）

　じつは、保育者たちの専門性が響きあう、こんな真摯な園内研究を日常的につくりだしていくために必要となるのが実践記録なのです。レッジョではこうした時間が週に６時間、勤務時間の中に保障されていると言います。「保育の公共性」に「子どもの発達保障」を正しく位置づけるとき、どうしても必要となる専門家の時間が、この６時間にほかならないのです。

記録を書くと保育が変わる！

2 「ふりかえり」を重視する日本の実践記録論

これに対して日本の場合、実践記録を書く意義について、これまで主として次の二つの点が強調されることが多かったように思えます。

① 実践記録を書くことで、子ども理解を深める
② 実践記録を書くことで、自分の保育実践を省察（ふりかえり）する

つまり、記録を通して自分の実践をふりかえり、子どもに対する正しい認識を深めていくことが大切なのだと語られてきたわけです。そしてそうした営みを続けていく中に、反省的実践家[1]として実践を創造していく保育者の専門性があると語られてきたのです。

実際、これまでの議論において、「直感的応答力」に規定されることの多い保育実践においては、実践記録を書くことが、実践の主観性を克服していくためにも重要な意味を持つのだと、私自身述べてきました。

しかしながら、実践記録を書く営みの中に、あと一つ重要な意味があることを忘れてはいけません。それは、子どもの声を出発点に保育実践をつくりだし、子どもを保育実践創造の「共同構成者」と位置づける、子ども参画型の保育実践をつくるうえで、実践記録が決定的な役割を果たす事実です。

つまり実践記録は、<u>子どもたちが活動をつくりだしていく過程で形成された「思考の軌跡」「育ちの軌跡」を表現したものであると同時に、その活動を「次にどうするか判断する」</u>大切な資料となっていくのです。

考えてみれば「子ども理解を深める」方法は何も実践記録だけではありませんし、「自分の保育をふりかえる」手段にしても実践記録に限定されるわけではありません。そして、たとえ頑張って記録を書き続けたとして

[1]
「反省的実践家」は、『専門家の知恵 反省的実践家は行為しながら考える』（佐藤学・秋田喜代美訳、ゆみる出版、2001年）という本を著しているドナルド・ショーンが、「変わりやすい曖昧な目的に悩まされ」続ける「マイナーな専門性」をもった専門家について語った言葉です。これに対する「メジャーな専門家」は背後に「体系的で基本的な知識」が存在しているので、「安定した制度的な文脈において機能している」とショーンは指摘しています。

も、それだけで保育実践の質が飛躍的に良くなるわけでもありませんし、それだけで子ども理解が深まるわけでもないのです。

　いやそれよりも、自分の保育を反省するために、わざわざ実践記録を書き続けていくことが、そもそも無理な話なのです。毎日の保育実践とかけ離れたところで行われる特別な仕事として実践記録を位置づけ、それを保育の質を高める手段として活用しようとしても、それは保育者に義務感や負担感を与えるだけで、有効に機能するはずはないのです。

> 記録を書くと、子どもが愛おしくなってくる。
> 記録を書くと、保育が楽しくなってくる。
> 記録を書くと、何かが始まる予感が湧いてくる。

　本書の「はじめに」で語ったように、記録を書くことが楽しくなければ、実践記録を書く意味はありません。そしてそういう意味で、明日の保育が楽しくなる、そんな記録を基本に書き続けていくことが大切だと思います。

　さてそれでは、どうやったら「明日の保育が楽しくなる」記録を書いていくことができるのでしょうか。

　もちろん記録だけ「明るく」書くことは出来ませんし、記録の中だけ「楽しい」保育なんて、そもそも存在するはずありません。実践を楽しくしていくことと、楽しい記録を書くことは常にセットで存在しているのです。

　もっとも、ここで「タマゴ（記録）が先か、ニワトリ（実践）が先か」という悠長な議論をしている暇はありません。保育者が書いた「記録」の中には、実践を面白くするヒントが潜んでいるのです。

　そこでこの章では、具体的な実践記録の中に、毎日の保育を面白く発展させるためのカギが、どんな形で潜んでいるか、探ってみたいと思います。子どもと保育の面白い場面を記録しながら、そこで実践が止まってしまった「ちょっと残念な実践記録」や、思わぬことがきっかけで、実践が面白く発展してしまった「偶然に助けられた実践記録」を読んでいると、記録を書いて保育を楽しくする実践創造のイメージが、豊かに湧いてくるはずなのです。つまり、「保育を変える記録のちから」を実際の実践記録の中に見いだしてみようというわけです。

記録を書くと保育が変わる！

3 保育実践に変化を望まない消極性
保育を変える記録のちから①

　さてそれでは、保育者が「固い頭」を少し変えるだけで、保育が楽しくなる事例から考えてみることにしましょう。

　最初に検討するのは、『ぶたのたね』（佐々木マキ・絵本館）という絵本が大好きな3歳児クラスの実践記録です。足の遅いオオカミが、キツネ博士から「ぶたの種」をもらって育てていくと、ぶたの木にぶたたちが誕生してくるこの絵本に、「えー、そんなのないよ！」と言いながら、それでも「どこかにそんな種があるかもしれない」と秘かに信じている雰囲気の子どもたち……。

　そんな子どもたちと、公園に行ったときのことを記したK先生の記録です。

実践記録
ぶたのタネ、あったよ！
3歳児に育つ不思議の世界

シーン 1
「ぶたのタネ、あったよ！」

カオル「先生、ぶたのタネ、探してみよう」
ルイ　「いいね、いいね」
　2人で公園内を探索していると、
カオル「あったよ！」

こう言いながらもってきたのは茶色い木の実。
ルイ　「本当だね、ぶたのタネだね！」
　2人のやりとりを見ていたリクトが加わり、3人での活動が始まる。
リクト「ちょっと、植えてみよう！」

シーン2　「お水は、公園のだから使えないな」

　種を植えたリクトは、土をかぶせたと思ったら、次のように語り始めた。
リクト「お水、あげたい！　先生、お水！」
　リクトは、こう言いながら公園の水道のほうを見る。
保育者「お水は、公園のだから使えないな」
　（「このまま、水遊びになっても困るな」と思い、子どもの要求を否定してしまった）
　保育者に「水は使えない」と言われ、少し考えたリクトは、種を植えた所に、つばを吐いて水をやろうとする。それを見ていたカオルとルイも、同じようにつばを吐きだす。
保育者「それは汚いから、やめようよ！」

感想：記録を書きながら、私も一緒にその世界に入り込み、「そうだね、お水ちょっとあげてみようか」と子どもたちと一緒に楽しめていたら、活動がもっと広がって、面白かったのかなあと考えた。

　すごく、もったいない実践です。
　３歳児に育ち始めるファンタジー世界を支える不思議心。子どもの中から、そんな気持ちが表現され、自然な形で行動になって表れた場面なのに、Ｋ先生はなぜこれを止めてしまったのでしょうか。
　公園に植えたいというリクト君の願いをおさえながら、「こんな大切なものは、保育園の庭にきちんと植えよう」とさそいかけ、うんと大切に、そして本格的に「ぶたのタネ」を育てたりしていたら、最初にかかわった３人のみならず、このクラスの子どもたちの中に「ファンタジー共同体」とでもいうべき不思議な関係を生みだすことのできる、絶好のチャンスがこの場面だったのです。
　もちろん、Ｋ先生自身が「私も一緒にその世界に入り込み、子どもと一緒に楽しめていたら、活動がもっと広がって、面白かったのかなあ」と反省しているように、Ｋ先生にもこの実践の勘所は分かっていたのです。
　でも、実践はそのように展開していきませんでした。

　この実践記録から考えなければならないことは二つあります。
　一つは、この活動の面白さを広げる方向へ、なぜＫ先生の心が動いていかなかったかという問題です。もちろん、その本当の理由は私にもわかりません。Ｋ先生の個人的な感性が、そこでブレーキをかけさせたのかもしれませんし、園全体にこうした「余分な」ことを避ける雰囲気があったのかもしれません。
　しかしながらいずれにしても、この実践記録を読んだ保育者たちが、「ここはとことん、３歳児とつきあってみなければ」という雰囲気で語りあうことができたなら、こんなときに躊躇しあわない保育者の集団的意思が、形成されていったに違いないのです。
　そしてあと一つは、この活動を発展させ、３歳児の子どもたちの中に「ファンタジー共同体」を広げていくことの意味に関して、Ｋ先生の中に確信のようなものがなかったことが問題です。もちろんこれは、この記録

を読んだ周囲の保育者たちが、そのことの意味をいったいどのように一般化・理論化できるかという問題でもあるのですが……。

一つの実践記録をきっかけに、保育者の「直感的応答力」と「概念的知性」を結びつける議論ができたとき、園全体の保育する空気が変わっていくのです。そんな刺激的な議論を巻き起こす、きっかけとなる記録を、K先生は書いていたのです。

記録を書くと保育が変わる！

4 根気よく受け止め、子どもの心が見えてくる
保育を変える記録のちから②

　実践記録を書く習慣がついてくると、子どもの声に耳を傾ける時間が増えてきて、結果的に保育者が話す時間が減ってくると先に指摘しました。

　もちろん、大切なのは子どもたちの声を、きちんと聴くことにあるのですが、本当に根気よく子どもの声に耳を傾け、記録を書き続けていると、子どもの声が聴こえるようになってきた実践記録を紹介します。

　記録は、毎日のように着替えでもめる2歳児のミオのことを、精いっぱい受け止めようと努力するW先生の姿から始められています。

> **実践記録**
> **受け止めて、聴いているうちに見えてきたもの**
> 2歳児の自我と人間関係

シーン 1
毎日のように引き出しに服が足りないミオ

（2歳5ヵ月）

　着替えを持ってくることを忘れがちなミオが、今日も着替えの服がないと、保育者に訴えてきた。

ミオ　「せんせい、ズボンない……」
保育者「あれまあ、おわっちゃった？」（ミオの引き出しを開けると3枚入っていた）
保育者「ミオ、3つあるよ。ここから選ぼうよ」
ミオ　「……」

保育者「このズボン、嫌なの？」

ミオ　「……」

保育者「ミオ、いや？」

ミオ　「いや！」

保育者「そうかー、保育園のズボンはきたいの？」

ミオ　うなずく

保育者「でもさ、引き出しにないときは保育園のをはくけど、今日は３つあるからここから選んでほしいな……」

ミオ　今まで聞いたことがないような大きな声で泣き出す。

保育者「ミオ、３つから選んでね、先生まってるね……」

　ミオは、ずっと泣いている。声がだんだん大きくなってくるので、ミオのそばに行き、一回抱きしめてから「まってるよ」と声をかけ、おやつの準備を始めた。

　とにかくW先生、根気よく子どもを受け止める努力を重ねているのです。

　もちろん、W先生に葛藤がないわけではありません。この場面でも、ミオちゃんの希望を聞いて、予備でおいてある園のズボンを最初からはかせれば、ミオちゃんだって泣かずにすんだわけです。しかしながら、それでも自分のズボンをはかせたいと願う気持ちを、W先生は次のように書いています。

今までは服がなくて園の服を着てきたが、今日はある。しかも短・中・長とズボンが3本。今日はあるのだから、その中から決定してほしい。いや、させたい……。
　ここまでくれば、子どもの思いに寄り添うどころか、子どもが保育者の願いを汲んでくれるのを待っている、そんな構図になってるような気もする。でも、ミオのは単にわがままを引きずった自我じゃないか。ミオ、ガンバレ……。

　W先生の心の声、よくわかるような気がします。でも、こんなに葛藤しながら、W先生は待ち続けたのだと言います。すると、ミオちゃんが泣きながら、3本の中から1本を、自分で選んで持ってきたのです。

保育者「ミオ、このズボンでいいの？」
ミオ　うなずく……
保育者「よく決めたね。自分で決めたね。おやつ食べよう。前で食べようか」
　こう言いながらミオを抱っこして、テーブルの前に一緒に座った。そして抱っこしたまま、「いただきます」をしておやつを食べ始めた。

シーン2
シホはくまに食べられる（子どもたちの世間話）

　大声で泣いていたミオが泣き止んでいるのを見て、2歳の仲間たちが、まるで世間話をしているように話し始めた。
カイト「あー、ミオに涙ないよ」
マサコ「ほんとだー」
カオル「ミオ、よかったじゃん」
保育者「ほんとだー、泣いてるのと泣いてないの、どっちがいい？」
みんな「泣いてないのー」
保育者「どうして？」
マサコ「だって、知らないおじさんにつれてかれるもん」

シホ 　「シホは、くまにたべられる」
ナツキ「泣くと、お父さんにおこられる」
ハヤト「ハヤトは、おかあさんがおこる」
ユウタ「ユーちゃんは、お父さんが笑う」
シホ 　「『わらわないで』っていえばいいじゃん」
ソウタ「ソウタは、ミク（妹）がなく」
カイト「なくとおかーさんがおこらない。ないてっていった」
フユト「すげーなくとおこる」
　みんなの話をききながら、ミオもおやつを食べた。

　じつは、ミオちゃんは、この翌日も「服がない」とダダコネをしたのだといいます。W先生にしてみれば、「いったいどこまで受け止めればいいの」というところなのでしょうが、それでも根気よくW先生は、ミオちゃんのことを受け止めてくるのです。
　本当に頭が下がる思いです。
　しかしながらW先生、子どもたちの声がよく聴こえていると思いませんか。何といっても、子どもの声に対して、保育者の語る言葉が少ないことがすばらしい……。
　次に紹介するシーン3は、同じ日にW先生が遭遇した午睡後の子どもた

ちの会話を記録したものです。この日、子どもたちは園の近くの矢倉山に登ったというのですが、午睡中、カオルがおねしょをしてしまい、リオが布団に入れてくれたのだといいます。そして目が覚めたカオルが、リオにお礼に布団をたたんであげると言ったのですが、ナツキもたたむと言って論争になったというのです。

シーン 3
ほら、かんたんじゃん（考える2歳児たち）

カオル「リオちゃん、お礼に、ふとんをたたみましょう」
　そこにナツキがやってくる。
ナツキ「だめ！　ナッチャンがたたむ」
カオル「カオルちゃんがたたむんだよ、お礼だから」
ナツキ「だめー」
カオル「ナツキ、おこっちゃ、だめだよ……」
ナツキ「おこってなーい」

　こんな会話をした後、カオルがなぜリオの布団をたたみたいのか、話し始める。

カオル「何もしてないでしょ。でも、すべりだいのとこで、カイトはけがして、おいしいメロンたべたでしょ。でも、ナツキは矢倉山に登ったでしょ。ナツキのふとんはかたづけたでしょ。でも、やりたかったの？」
ナツキ「ふとんだけのこと、言ってる！」
カオル「どうして、こんなに楽しいのに、ナツキちゃんは怒っちゃうんだろう」
サトシ「リオのふとん、かたづけたかったの？」
カオル「でもカオルちゃん、おしっこでて、リオちゃんのふとん、たたみたかったでしょ、わかるでしょ、カオルちゃんのきもち……」
サトシ「そのはなし、とまらなくなるよ……」
チエ　「ナツキ、たたみたいんだよね」

ナツキ「うん」

保育者「ふたりともリオちゃんのふとんたたみたいんだよね」

ナツキ「たたみたーい」

カオル「カオルちゃんもたたみたい。なんかいい作戦はないかな」

サトシ「リオのふとんのことなのに、リオわらってるし……」

ナツキ「じゃー、3にんでたたもー」

カオル「いやー、それはいや」

サトシ「むずかしいね」

保育者「ほんとにむずかしいね」

カオル「ねーねー、チエのふとんもたたんでないよ」

保育者「あっ、ほんとだねー」

ナツキ「じゃー、ナツキはチエの、たたむ」

カオル「じゃー、カオルはリオのふとんたたむー」

サトシ「ほら、かんたんじゃん……」

子どもの間で生じた問題を、自分たちで解決しようと考えあう2歳児の子どもたちの関係が、目の前に浮かんでくるような記録です。

そしてここには、<u>一人ひとりの子どものことを、「思考する主体」とし</u>

て見つめるW先生の眼差しが、見事なまでに映しだされているのです。
　もちろん、これがすべて記録を書いた成果だとは言いません。しかしながら、シーン1やシーン2に描かれたように、わがままにも見える2歳児の自己主張の世界に、根気よくかかわり続け、それを記録するW先生だからこそ書けた記録だと思います。
　そしてこうして記録を書く中で、「思考する主体」として活動する子どもの姿に共感的な眼差しを向ける、W先生の保育観が形成されていったことは確かなのだろうと思います。

記録に取り組んでみて　〜私たちの工夫〜

■以前のクラス日誌では、朝から夕方までの出来事を時系列に書いたり、カリキュラムにそって内容を領域別に書いたりと、文章が長くなり、わかりにくかった。園として書式を変更して、いくつかの項目にしぼり、新しく「エピソード」の欄を作成。そこに、その日特に印象に残ったことを自由に書くようにしたところ、保育のどの部分を抜粋してポイントにすればいいか、整理する必要が出てきて、意識して保育を振り返るきっかけとなった。（保育経験24年）

■幼児クラスの場合は、保育中、近くの机の上にメモ帳を置いておく。子どもたちが落ち着いて遊んでいたりしている瞬間をつかって、さっと記録をとっておく。（保育経験12年）

■クラスに入るときは、メモ帳と短い鉛筆をポケットに入れておく。子どもの言葉などを書き留めて、あとで担任に伝えるのに使う。（園長）

■その場で記録がとれなかった時に、写真を撮っておくようにすると、あとで思い出しながら文章に起こせる。とりあえず1枚撮っておく。（主任保育士）

記録を書くと保育が変わる！

5 偶然の出会いが教えてくれる保育の本質
保育を変える記録のちから③

　保育が対話的に面白く動いていくときは、保育者の「ひらめき」が実践の過程で立ち上がってくるときでもあります。

　保育者の「ひらめき」は天性のものではなく、実践の過程で、保育者の中に形成されていくものなのです。

　次の事例は、母親と離れられない２歳児と格闘したＥ先生の記録です。記録は大きく言って４つの場面に分かれていますが、実践が展開していく過程で、Ｅ先生の中に、２歳児と響きあう心が育っていく姿を垣間見ることのできる、興味深い実践記録です。

実践記録

「きこえたって〜」

親と離れられない２歳児

　妹が産まれ、お姉ちゃんになったアズサちゃん。妹が母親と一緒に家にいることが分かるのか、登園時、「保育園、行きたくない〜！」と毎朝大泣きするようになってきた。母との別れに大泣きしているアズサちゃんをどのようにして母と引き離すか、ということが毎日の課題になってきた。

シーン 1

「保育園イヤー！」と大泣きする登園時

(5月11日)

　今日も母親に抱かれて登園するアズサちゃん。いったん部屋で支度をするが、突然母親を追いかけて行ったかと思うと、母親の手を引いて門のほうへ帰って行こうとする。
保育者「抱っこでバイバイバイ、できそうかな〜」（手をのばすと…）
アズサ「いーやぁーだぁ、ほいくえん、いきたくないー、おうちかえるー」
　（こう言いながら、母親にしがみつく）
保育者「たくさん遊んだらママお迎えくるよ」
母親　「早くくるから、まっててね」
　こんなやりとりが数回繰り返されるが、どんな言葉をかけてもアズサの態度は変わらない。
　（よし！　泣いていても別れさせよう。おやつを見れば、気持ちが切り替わるかもしれない。）
　こう考え、身体をそらせながら泣いているアズサを、抱いて部屋まで連れてくる。しかしながら、用意したおやつも効果なし。

96

シーン 2

「いいじゃん、お靴、履いてな」（受け止められると、素直になる）

　泣き続けるアズサに、再び働きかけることにする。
保育者「おやつ食べて、待ってようよ！」
アズサ「やーだー！　保育園、行きたくないのー」
　また泣き出したかと思うと、今度はテラスに移動し、すごい速さで靴を履こうとする。
保育者「わかったよ。でも、ママ来るか、お部屋でお外見ていようよー」
　そんなアズサを見て、T先生が声をかけてくれた。
T保育者「いいじゃん！　お靴はいてな、そこ（テラス）にいな」
　T保育者の声を聴いたとたんに、ピタっと泣き止んだアズサ。そして、テラスで靴を履くと、その場で外を眺めはじめる。

　じつは考えてみればすごく単純なことなのですが、家に帰ろうとするアズサちゃんの思いとは正反対の方向に、E先生はアズサちゃんを引っ張っていこうとしていたのです。だから、どんなに優しい言葉をかけても、E先生の思いはアズサちゃんのところに届いていかなかったのです。
　ところが、先輩保育者のT先生がアズサにかけた、「いいじゃん、お靴はいてな」という言葉で落ち着いた姿を見て、E先生はハッとしたのです。実際にE先生は、「明日からは、気持ちを受け止めながら、アズサちゃんを少し見守るようにしよう」と、そのときの感想を記しています。
　重要な点は、そんな発見をした後、アズサちゃんとE先生の姿が変わっていく事実の中にあります。

シーン 3

「そうだ、築山に登ろう！」

　その後、アズサは靴を履いて外へ行き、門の前で外を見ながら、「ママー」と母親を呼んでいる。
　（なにか少しずつ気持ちを切り替えられる方法はないかな……。そうだ、築山に登ろう！）
　そう考えて、アズサと一緒に園庭にある築山に登る。
アズサ「ママー」
保育者「もっと呼んでみる？　ママ聞こえるかな？」
アズサ「ママー！」（少し大きい声になる）
保育者「もっと大きい声で、『ママ、早く来てー！』って言ってみよっか」
アズサ・保育者「ママ、早く来てー！」
　大きな声で呼んだからか、アズサは少し笑顔になった。
　その後は水遊びをしている友だちを発見し、アズサも一緒に遊び始めた。

もちろん、「そうだ、築山に登ろう！」というヒラメキが、どんなメカニズムで起きてきたのか、それは私にもわかりません。
　しかしながらこれは、アズサちゃんと共感的関係をつくることの意味を認識したE先生の「直感的応答力」が生みだした働きかけなのです。もちろん、それに続けて「ママ、早く来てー！」と大きな声で叫ばせたのも、E先生の「直感的応答力」のなせる業だったわけですが、その背後に、共感的関係の重要性を認識した事実があった点は見逃せません。
　そしてその翌日のE先生とアズサちゃんとのかかわりをまとめた記録には、次のように記されています。

シーン 4

聞こえたって！

(5月12日)

　今日もアズサちゃんの登園風景は、昨日と同じだった。今日は、玄関での受け渡しができたが、相変わらず泣くことに変わりはない。
　（今日はどんなことで、気持ちを切り替えることができるかな？　泣いても、昨日のように築山で叫べば、気持ちがスッキリするから大丈夫かな？）
　アズサが登園してきたときには、すでにおやつをみんなが食べていた。
保育者「アズサちゃんも、おやつ食べながら待ってる？」
アズサ「や〜だ！」
保育者「そっかあ。じゃあ、お靴はいて、お外見てる？」
　アズサは、その言葉で泣き止み、何も言わずテラスに行き、靴を履く。その後、柵につかまりながら「ママ〜」と昨日のように呼ぶ。
保育者「ママ、聞こえたかな？」
アズサ「ママー、ママー」
保育者「もっと大きい声で呼んでごらん。もっと聞こえるかもよ！」
アズサ「ママ〜、ママ〜！」（本当に大きい声で叫ぶ）
　母親を呼ぶアズサを、しばらく掃除をしながら見ていることにする。しばらくしてアズサちゃんが、テラスの所から私のほうに、ニコニコしながら移動してきた。

アズサ「聞こえたって！」
保育者「わー、よかったね！　アズサちゃんの声が大きかったから、よく聞こえたんだね！」
その後は、いつものアズサの姿に戻り、外に遊びに行った。

　もちろん、問題は一過性のものであり、アズサちゃんの行動の背後に、深刻な問題が潜んでいるわけではありません。

　しかしながら、不安なアズサちゃんに寄り添おうと努力を重ねるE先生の書いた実践記録の中には、E先生が保育の専門家として行動し、成長していく姿がはっきりと描きだされています。そしてそうして整理された記録の中には、保育実践の本質が、きちんと表現されているように思えます。

　子どもに寄り添うとは、子どものだすトーンに共鳴することから始まっていくのです。そしてそうやって保育者に寄り添われ、受け止められたと感じると、今度は自分で自分を立て直そうと、子どもたちは努力を始めていくのです。E先生の記録が教えてくれる第一のポイントは、まさにこの点にあると言って間違いないでしょう。

　そして第二のポイントが、「聞こえたって！」と語ったアズサちゃんの言葉の中にあります。子どもは誰かに変えられる存在ではなく、自分で自分を変えていく存在なのです。そしてそうやって、子どもが自分を変えていく場面をつくりだし、支えていくのが、保育者の仕事なのです。

記録を書くと保育が変わる！

6 記録は「次にどうするか」を教えてくれる
保育を変える記録のちから④

　最後に、4歳児を担当したY先生の記録を紹介することにします。
　Y先生の記録は、小さな動物に興味をもつマサオとユミが、毎日のようにカエルを捕まえる場面から始められています。Y先生は二人の行動を、「探究的知性」を育てる活動といちおう理解しているのですが、カエルの生命を大切にしない二人の姿に、問題も感じていたと言います。

シーン 1

袋いっぱいのカエル

　毎朝8時に登園するマサオとユミ。未満児の頃から同じクラスで仲良しの二人は、いつもいっしょにカエルを捕まえている。ある時、ヨシキが保育者のところに走ってきた。
ヨシキ「先生！　マサオ君とユミちゃんが、お口ふきの袋にカエルたくさん、集めてる！」
　すぐに二人のところに行くと、ユミのお口ふきを入れる袋の中に20匹くらいのカエルが詰め込まれ、カエルは苦しそうにしていた。
保育者「なんで、こんなことしたの！」
ユミ　「だって、カエルいっぱいつかまえたかったんだもん！」
保育者「でもカエルさん、苦しいよーって言ってるよ。死んじゃったら、どうするの！」
マサオ・ユミ「……」
保育者「それに、ユミちゃんの袋、これはカエルさんいれるための袋？」

ユミ　「ちがう……」
保育者「二人でカエルさん、逃してきてあげな！」
　マサオとユミは、保育者に言われて二人でカエルを逃しに行く。下のほうにいたカエルは、つぶれて死んでいるのもいた。

感想：何でこんなことをするんだろう。しかもお口ふきを入れる袋に入れるなんて……。ほんとうにびっくり。二人が園庭の隅にいるときは、注意してみることにしよう。

　いくらヨシキ君の言葉を聞いて、あわてて駆けつけた後とはいえ、開口一番「なんで、こんなことしたの」と叱責の言葉を言ったのでは、それ以降の対話の道が閉ざされてしまうことくらい、おそらくＹ先生だって承知はしているのでしょう。
　しかしながら、いくら頭の中で理解しても、感情がそのように動いてくれないのが保育実践です。保育者が一方的に叱って、説教して、そして命令する……。そこに対話的関係が成立していないことは、記録の中にはっきりと表現されています。
　まずは、子どもに共感する言葉から始めるのが原則ですが、こんなにていねいに記録を書いたはずなのに、翌日になるとＹ先生、再び同じことを繰り返してしまっているのです。
　実際、翌日の記録には、次の通りやりとりが記されています。

シーン 2

入っちゃいけないカエルのすみか

　昨日、注意されたところにまたはいり、カエルを捕まえている。また、ユミのお口ふきの袋を使って、同じように……。しばらくその隙間から出てこないように言ったうえで、二人に注意をした。

保育者「昨日も先生に言われたよね。ここは、はいっていいところなの？」

マサオ・ユミ「いかんところ」

保育者「わかっとってはいるのは、もっといかんじゃん」

ユミ　　「だって、カエル捕まえたかったんだもん」

保育者「昨日もお話しして、今日もおんなじことして、もうカエルさん、怒っとるわ！　もう二人は、つかまえちゃいけないからね！」

マサオ・ユミ「はい……」

　感想：何でこんなに言ってるのに、同じことを繰り返すんだろう。だけど、このとき見方を変えて、カエルを捕まえることの何がおもしろいのか、どのようにこの遊びを広げていけばいいのか真剣に考え、マサオたちと向き合っていくことも必要だったと思う。

　たしかにＹ先生、反省することだけは忘れていません。

　しかしながら、最初に叱るところから会話を始めるクセのようなものは、やはり記録を書くだけでは簡単に変わっていかないのです。

　最初に、子どもを叱責するところから入ってしまうと、最後までそのモードを変えることができなくなるのです。そしてそれと同時に、保育者のほうが一段高いところから話をする「権力」的な関係を前提に、子どもとの関係をつくってしまうのです。

　とはいうものの、「どのようにこの遊びを広げていけばいいのか真剣に考え」る必要性に、記録を書きながら気づいた点は重要です。

　翌日の記録に、期待したくなる「感想」の言葉です。

シーン 3

カエルのおうち

（7月25日）

　子どもたちが園内の草取りをしたとき、みんな懸命に草取りを始めるが、そこにはカエルやミミズがいっぱいいて、子どもたちには喜ぶ姿が……。
　そんな中、ヨシオが保育者のところに走ってくる。

ヨシオ「先生！　マサオ君が、水道のところの穴に、カエルをいっぱい入れてる！」

　行ってみると、ケンジと一緒に水道の元栓のところに、たくさんのカエルを詰め込んでいる。

保育者「なにしてるの！　カエルさん、出れないよーって言ってるじゃない！　見てみなさい！　それに、みんなの使う水が出なくなっちゃうよ！」

マサオ「だって、カエルのお家にしたかったんだもん！」

　シーン1からシーン3に至るまで、実践の事実をていねいに記録したにもかかわらず、根本のところで変化が現れなかった実践記録です。
　毎回書かれる「感想」を読んでいると、この実践が抱える根本的問題がどこにあるのか、かなり正確にY先生が把握していることがわかります。
　しかしながら問題の所在が分かり、反省を繰り返しても、実践は豊かに

発展していかないのです。一般に反省は過去に向いて開かれていることが多く、反省した時点で「一件落着」となってしまう場合が多いのです。

　重要な点は、「そして、その次にどうするか」という視点を持つことです。実践をひらいていく「明日の見通し」をもたないまま反省だけを繰り返しても、未来をひらく実践は生みだされてこないのです。

　さてそれでは、こうしてY先生が書いた実践記録は無意味だったのでしょうか。

　もちろん、そんなことはありません。

　実際にこの記録にしても、最後にマサオ君が言った、「だって、カエルのお家にしたかったんだもん！」という言葉を受けて、「カエルのお家」ならもっとステキなお家をつくればいいじゃないかということになり、カエルの飼育を開始していったというのです。

　そしてカエルを飼い始めると、当然のことながら餌をどうするかが問題になります。生きたハエや昆虫しか食べないということで、子どもたちは必死に餌を探し回りと、そこから実践が思わぬ方向に発展していったというのです。

　この章の最初に、レッジョ・エミリア市とニュージーランドの実践記録について紹介しました。実践記録をもとにしながら、常に「明日の実践」をデザインしていく点に二つの実践アプローチの特徴があったのですが、日本の実践記録には、こうした視点が弱いように思えます。

　たとえばニュージーランドの「学びの物語」アプローチでは、子どもたちの「学びの構え」を以下に示す5つの領域に分類しています。[1]

1）
前掲『保育の場で子どもの学びをアセスメントする』p.50

①関心を持つ（taking an interest）
②熱中する（being involved）
③困難や困ったことに立ち向かう（persisting with difficulty or uncertainty）
④他者とコミュニケーションをはかる（communicating with others）
⑤自ら責任を負う（taking responsibility）

つまり、子どもたちは自分で「関心」をもったことの中から、しだいに「熱中」するものを選ぶようになってくる。子どもの「学びの構え」が「熱中」のレベルになると、どうしても越えたくなるような「壁」にぶつかることになる。じつはこうして<u>「困難」に直面したときが、実践が発展し、子どもが発達するチャンス</u>となってくる。その問題を克服するために他者の協力を求めるようになり、そうした願いに応えようと、子どもたちが行動するようになっていくというわけです。

　活動に向きあうことなく子どもの自我を育てることが不可能なように、活動を共有しないで子どもの仲間関係を育てることはできません。活動を創造する主体として、社会的活動に参加する過程で、子どもの人格は発達していくのです。

　日本の保育者が書く実践記録も、子どもの中に形成される自我世界と社会性（協同性・集団性）の弱さ・歪みを告発するような「閉じられた記録」から、<u>子どもの中に生成する要求を、どのように発展させていくか</u>という視点を位置づけた<u>「開かれた記録」へと脱皮していくことが重要</u>なのかもしれません。

Chapter 5

読みたくなる記録
伝わる記録

読みたくなる記録　伝わる記録

1 「小さな物語」がつながっていくとき

　子どもたちの生活は、たくさんの物語であふれています。
　そしてそうやって生起する物語を、保育者の「心のシャッター」で切り取り、「スナップ写真」のように記録したものが、これまで議論してきた「日記としての実践記録」です。
　もちろん「スナップ写真」ですから、撮影した写真と写真の間に関連性・整合性があるわけではなく、それぞれの写真を撮影した、その瞬間のもつ「意味」が、「事実」として記録されているにすぎないのです。つまり、そうやって保育の中で生起する「小さな物語」が、関連性なくバラバラに記録されたものが「日記としての実践記録」なのです。
　もっとも、記録というのは不思議なもので、書いた記録を読み返しているうちに、以前書いた別の記録が突然頭の中に浮かんできて、別々に書かれた記録が頭の中でつながっていく、そんな瞬間に遭遇することがあります。
　あるいは、実践しているその瞬間に、以前見た子どもの表情が浮かんできて、二つの表情の違いの中に、子どもの発達を感じることもあります。そしてその後、かつて書いた実践記録を探しだし、読み返しているうちに、その表情の違いを生みだしたものがいったい何だったのか、はっきりと見えてくるときだって、保育の中では時々あるのです。
　つまり、子どもの中に生起する「小さな物語」がつながって、「大きな物語」が立ち上がってくる瞬間が、実践記録を書き続けていると、必ずと言っていいくらい起こってくるのです。そして、そうやって立ち上がってきた「大きな物語」を整理したものを、本書の中では「保育実践記録」と呼ぶことにしたのです。

さてそれでは、子どもたちの中に生成する「小さな物語」を、どのようにして「大きな物語」へと整理していけばいいのでしょうか。そしてそうして整理される保育実践記録を、私たちはどのようなものとしてイメージしていけばいいのでしょうか。

　もっとも、実際には保育実践記録に典型的なものなど存在していませんから、それぞれが工夫して整理していくしかないのですが、それでも次の3つのポイントを意識すると、保育の中の「小さな物語」を「大きな物語」につなげていくことが、比較的容易になっていくと思います。

1　実践に構造を見いだし、実践を再概念化すること。

（以下の手順を参考）

①関連する「小さな物語」を選びだす。
②選びだした「小さな物語」の「見出し（タイトル）」を、時系列にそって目次のように並べてみる。
③並べた「見出し」の間に一つの「筋（文脈）」を見いだし、その「筋」に従って、「小さな物語」を組み替え、構造化する。

2　実践の構造化に際しては、実践の「転機」となる場面を軸とすること。

3　実践を構造的に整理していく際、「メッセージとしての記録」（クラスだより、連絡帳など）を活用すること。

　最後に示した「メッセージとしての記録」の活用が、どうして実践を構造化するうえで有効なのかという点に関しては疑問のある方がいるかもしれませんが、この点は、後で考えてみることにしましょう。

　3つのポイントのうち、カギを握っているのが、2つ目に示した「実践の『転機』となる場面」の発見です。まさに、起承転結の「転」にあたる場面の発見ですが、個人の発達においても、活動の展開過程においても、必ずこの場面が訪れるものなのです。

　そして、この「転機となる場面」を発見したら、その場面を折り返し点に、その前の記録と後の記録とをつなげていけば、そこに一つの筋（文脈）が浮かび上がってくるはずです。それが、保育における「大きな物語」になっていくのです。

　さてそれでは、「大きな物語」を整理する3つのポイントを、それぞれ見ていくことにしましょう。

読みたくなる記録　伝わる記録

2 日々の実践を「大きな物語」につなげるポイント

　日々の実践を「大きな物語」につなげていく第1のポイントは、「実践に構造を見いだし、実践を再概念化すること」にあります。
　といっても、これでは抽象的で、何をどうすればいいのかわかりません。
　そこで、少し具体的な事例を通して考えてみたいと思いますが、すべてのカギは、日々の記録につけている「タイトル（見出し）」にあるということは、頭のどこかに位置づけておいてください。「タイトル」をつけることそのものが、じつは実践を構造化する営みにほかならないのですから。
　わかりやすくするために、連続する時間帯で展開された一つの実践の中に「実践の転機」を見いだし、それを整理した実践記録を例に、この問題を考えてみることにしましょう。
　園庭で遊んでいた子どもたちが部屋に帰ってきた昼食前、気分はレストランという感じで給食へ誘ってみようと始めた、たんぽぽ組（2歳児）の小さな実践です。実践者である下代先生は、この実践を「①開店編」と「②忘れ物！編」との二つの場面に分けています。

シーン 1

開店編

　先に部屋に帰っていた3人が、「おかいものいってきま〜す」とカバンを肩にかけて出かけていくのを見送っていると、いつも最後まで外にいる日向が部屋に入ってきた。椿姫、悠生、もも、心愛も次々と戻ってきたので、「お着替えしてね」と声をかけながら、机を出し始めた。

　　　　（なんだかスムーズ♪）
保育者「たんぽぽレストランですよー」（前はこれでいけたんだけど…）
子ども「……。」
　　　　（誰も聞いてない、もう……）すると、
悠生　「みんなー、レストランしよー！」
保育者（おっ、聞いてた？）
悠生　「こうじゃないよー」
　　　　2台並べて置いた机を指差して言う。確かに、前に"レストラン"にした時には、長く机をつなげてた。
保育者「そうだったね。じゃあ、直そう。手伝ってくれる？」
悠生　「いいよー！」
心愛　「ここもするー」
　　　　もう1台を直そうとしていると拓己と日向が来た。
保育者「たくちゃん、ひな、おねがーい」
拓己・日向「うん！」 がーっと机を押して動かしたが……惜しい！
もも　「ももがする！　こうだよー」
保育者「お願いね。どうすればいいかなぁ？」
も・拓・日「う〜ん……」 3人で机を押して動かす。……本棚に押しつけてる。
保育者「そこじゃ、レストランできないね〜。じゃあ、ももがここ、たくがここ、ひなが真ん中持って、オーライバックしてみる？」
も・拓・日「オーライバック〜」 机をひっぱって下がって、見事机スタンバイ！
保育者「ありがとうみんな。じゃあ、イスも出しちゃう？　お客さんみんなの分を並べてあげようか。おみせやさんのゆうちゃーん、ここあ〜おねがーい！」
悠・心「ハーイ！」
　　　　保育者がイスを出すと、どんどん運んで並べてくれる。「じぶんのイス」と誰が言うわけでもなく、みんなの分を並べてくれてる。椿姫、拓己、俊宏も来て手伝ってくれた。
　　　　（遊びながら昼食準備完了。なんか楽しい！　子どもってステキ♪）

111

シーン 2

忘れ物！編

　子どもたちも楽しく手伝ってくれ、碧、瑠唯、廉、みなせ先生が園庭から戻ってきたころにはすっかり机の準備もできて、子どもたちも座っている（こんなの初めてだ！）。

保育者「ちえ先生、おもしろい歌、知ってるの。彩音に教えてもらったんだ。ペンギンの歌」

子ども「やるー！」

もも　「ペンギンはぁ、こーやっておさかなちょーだいってするの」

保育者「そうだねえ。じゃあ、もも教えてくれたから、ペンギンってこうしよっと」

　ペンギンの仕草はももの提案にのっかった！

保育者「♪ペンギンマークの百貨店〜、1階はおけしょうやさん〜、それ、ドッキンドッキンわくわく〜」

　振りはれんげ組でやってると彩音が教えてくれたのをやってみたが、やっぱり2歳児にはまだ難しい。でも、新しい歌だし、おもしろがって、みんなのってくる！

子ども「おけしょうだって〜ペタペタ〜」　お化粧のまねをする。

子ども「かわいいでしょ〜」　口紅まで、塗ってみる。

保育者「エレベーターで2階に上がりまーす。♪ペンギンマークの百貨店〜、2階はあめやさん〜」

　（曖昧だったけど…こんなのなかったなあ。まあ、いいか）

　「ドッキン、ドッキン、わくわく〜、あめを食べよ〜」　みんなであめを食べる。

　子どもたちと相談して、振りを手拍子に変えた。

保育者「3階には何屋さんあるかな〜？」

もも　「ぶどうやさーん」

俊宏　「ぶどーう！」（山梨だもんね　笑）

保育者「じゃあ、ぶどうやさんね。♪ペンギンマークの百貨店、3階はぶどう
　　　　やさん〜」

子ども　ぶどうを食べるまね。しっかり「皮はぺっ！」

　　　ロッカーの上には、めぐみ先生が用意してくれた麦茶もある。
　　　（これも飲みたいしなあ……よし4階はこれだ！）

保育者「♪ペンギンマークの百貨店〜、4階はお茶やさん〜、お茶いかがです
　　　　かー」

　　　歌にのせてお茶の入ったコップを配った。子どもたちも座ってお茶を飲んだ。

　　　長い歌なのにまだついてきている！　（よし、このまま……）

保育者「♪ペンギンマークの百貨店〜、5階はレストラン〜、ご飯をたべよ〜」

子ども「いただきまーす！」

　　　（いい流れ！　あっ、まだ手を洗ってなかった〜）

保育者「あ！　ちえ先生忘れ物しちゃった！」

悠生　「ゆうちゃんも、わすれもの！」（席を立ち、水道に向かい、手を洗って
　　　　いる！）

あおい「あおいも！」

るい　「るいもだー！」

もも　「まだ、てあらってなかったねー」

　　　こう言いながら、子どもたちは次々と手を洗いに行く。

保育者　（すごーい！　手を洗うなんて一言も言ってないのに、忘れ物って言っただけなのに、気づいたの？　しかも、悠生を見て他の子も自分で気づいて、手を洗っている！）

　　感動して鳥肌がたった。その様子を見ていた他の先生たちとも「悠生ちゃんすごいよ！」「たんぽぽちゃん、ステキ！」と、驚きと喜びと感動を共有できてすごく嬉しかった。

保育者　「すごいねー悠生！　よく忘れ物、気付いたね。先生、鳥肌立ったよー！」

　　みんなが次々と手を洗って戻ってきて座っている。

保育者　「じゃあ、もう１回レストラン行きましょ♪　ペンギンマークの百貨店〜」

　　歌い終わっても、

瑠唯　「もう１回！　るいも、もう１回！」

　　他の子も何も言わず、嬉しそうに瑠唯のアンコールにのっかる。みんなでもう１回歌って、

みんな　「いただきまーす」

保育者　「おまたせしましたー。今日は酢豚とキュウリと、大根のおみそしるでーす」

　　こう言いながらご飯を配って"レストラン"での昼食になった。

　給食前の保育者と子どもたちの姿が、まるで頭の中に浮かんでくるような記録ですが、じつはこうして二つに分けられた場面を三つに分け直してみると、同じ実践が、また少し違った構造に見えてくるのです。

二部構成の実践記録を三部構成に

　たとえば、実践者は「①開店編」と「②忘れ物！編」の二つに分けて整理していましたが、この実践の「転機」となる場面が、「あ！　ちえ先生忘れ物しちゃった！」と保育者が言ったところにあることは一目瞭然です。

　そしてそれゆえ、後半全体に「忘れ物！編」という名前をつけたのだと思いますが、それならここを際立たせるために、この「転機となる場面」の少し前で区切ったほうが、実践を貫く論理が、つまり「筋」が明確になるはずなのです。

　そこで、新たに三つ目の区切りをつけて、同じ記録を整理するとどうな

るか、再現してみることにします。4階のお茶屋さんの場面からです。

> 保育者「♪ペンギンマークの百貨店〜、4階はお茶やさん〜、お茶いかがですかー」
> 歌にのせてお茶の入ったコップを配った。子どもたちも座ってお茶を飲んだ。長い歌なのにまだついてきている！
>
> シーン **3** （新）
>
> 忘れもの！編
>
> こんな感じで、「気分はレストラン」という心地よい空気が続いていたので、「よし、このまま続けよう」と、さらに5階まで子どもを連れていくことにした。（以上の赤文字は筆者が新たに挿入）
> 保育者「♪ペンギンマークの百貨店〜、5階はレストラン〜、ご飯をたべよ〜」
> 子ども「いただきまーす！」
> （いい流れ！　あっまだ手を洗ってなかった〜）
> 保育者「あ！　ちえ先生忘れ物しちゃった！」

　そして元の「①開店編」を新しい「①開店準備編」に、元の「②忘れ物！編」を新しい「②開店編」に変更し、新たに「③忘れもの！編」を加えると、この記録が「起承転＝結」という構造をもった三部構成に整理されることになるのです。

　実践の「転機となる場面」を軸に「実践の構造化」をするという2つ目のポイントも、この事例で少し理解してもらえたと思います。

　じつは実践をした下代先生は、この実践記録を次頁のようなイラストでも表現しているのですが、こうして視覚的に整理しようとすると、そこに構造が浮かび上がってくることが分かります。文章で論理的に整理するだけでなく、こうした文字の記録に合わせて、実践を4コマ漫画で描いてみたり、1枚のイラストにまとめてみたりすることも、実践を視覚化し、構造化していくうえで有効な方法になっていくのです。

～たんぽぽレストランへ ようこそ～

子どもたちの楽しい一場面！ぜひ お伝えしたくて…♪
5/12のこと。昼食準備をしていると…

① 「レストランしよー！」「いいねー！！」「つくえ こうだよー！」
② 「ど〜こ〜？」「よっしゃい ピッピ！！」

ゆうちゃんの提案に「いいねー」と 机を動かしはじめる ひなたくん、たくみくん、ももちゃん、ここあちゃん。

保育者がイスを出すと、どんどん並べちゃう！
なんだかとっても ステキ♪

準備も楽しく済んで、外から戻ってきたみんなも次々座りました。

「こんなの おしえてもらったの！ペンギンのうただよ〜」
「ペンギンはね〜 こーやって おさかなちょーだい ってするんだよね」
「ももちゃんが教えてくれ ペンギンの ふり 決定！！」

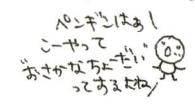

というコトで… ♪ペンギンマークの百貨店♪ たんぽぽver. この日以来 たんぽぽさんに 大ヒット！！

♪ペンギンマークの百貨店〜
1Fは お化粧やさん
それ、ドッキンドッキン わくわく〜
お化粧しましょ〜 ペタペタ

2F あめやさん
3F ぶどうやさん
4F お茶やさん (青菜を入れてくれてあったので …よし！！)
5F レストラン 「いただきまーす！」

(お店は子どもたちと 考えるので イロイロ あるんです…)
という流れで あそんでいるんです。

が！！！このまま「いただきます」にならない！手を洗ってなーいん と思った保育者。
㊙「あっ！！忘れ物しちゃった！！」と言うと…
「あっ！！」
「ゆうちゃんも おすれもの！」と立ちあがって、水道に向かい、手を洗い始めました。

それを見た他の子どもたちも、「あおいも！」「るいもだー！」「まだ、てあらってなかったねー！」と言って 次々手を洗いに行くんです！

(そんな たんぽぽさんを見ていた 下代、保坂、塩島、瀧本、相川。
「すごーい！！」と 顔を見合わせて 感動しちゃいました！)

「すごーーい！！」
鳥肌たっちゃいました！！

ピカピカの手になって戻ってきた子どもたちと、"レストラン"で おいしい給食を食べたのでした。

116

メッセージとしての　記録のちから

　ところで、下代先生は同じ実践を「実践記録」と「保育イラスト」という２つのツールを使って表現してくれましたが、同じ実践を表現しているのに、受ける印象は少し違っていると思いませんか。

　文字で表現した「実践記録」が、実践の「事実性」にこだわって整理しているのに対して、「保育イラスト」のほうは**「省略」**と**「誇張」**を加えることで強調点を際立たせる表現になっています。そしてこの表現は、誰かに伝えることを前提に、つまり伝えたいことを意識した記録になっているのです。

　この「たんぽぽレストラン」の実践をした下代先生の園では、姉妹園の保育者たちと一緒に、こうして記録を書いて実践を深めあう研修を、もう何年も続けています。すると他の保育者の刺激を受けながら、次々とステキな実践記録が書かれるようになってくるのです。たとえば次に紹介するのも、その研修の場で提出された「保育イラスト」の一つです。記録を書いた青柳先生は、もちろんこれに併行して文字による「実践記録」も書いているのですが、まだ言葉をもたない乳児の実践や、やっと言葉を話し始めた幼児前期の実践を記録していく場合には、この「保育イラスト」という手段が、かなり有効かもしれませんね（ただし絵が苦手な人は避けたほうがいいかもしれませんが）。

　じつは、こうした「誰かに伝えたい」という思いで整理された記録を「メッセージとしての記録」と本書の中では整理しているのですが、この「誰かに伝えたい」「わかってほしい」という願いの中に、記録の質を変える力が潜んでいる点が重要なのです。

　伝えたいポイントが鮮明になっていないメッセージは、逆に読者をイラつかせます。

　伝える内容が構造的に整理されていないメッセージは、読者を混乱させます。

　伝える内容が共感的でないメッセージは、読者を不快にさせます。

　だから、「伝えたい」と考えると、どうしてもそれは内容において「共感的」であり、構造において「理路整然」としていて、「主題（テーマ）」

117

において「鮮明」であることを、必然的に要求することになっていくのです。そしてそれゆえ、「メッセージとしての記録」を間に挟んでいくことが、保育における「大きな物語」を描きだしていくうえで有効になっていくのです。

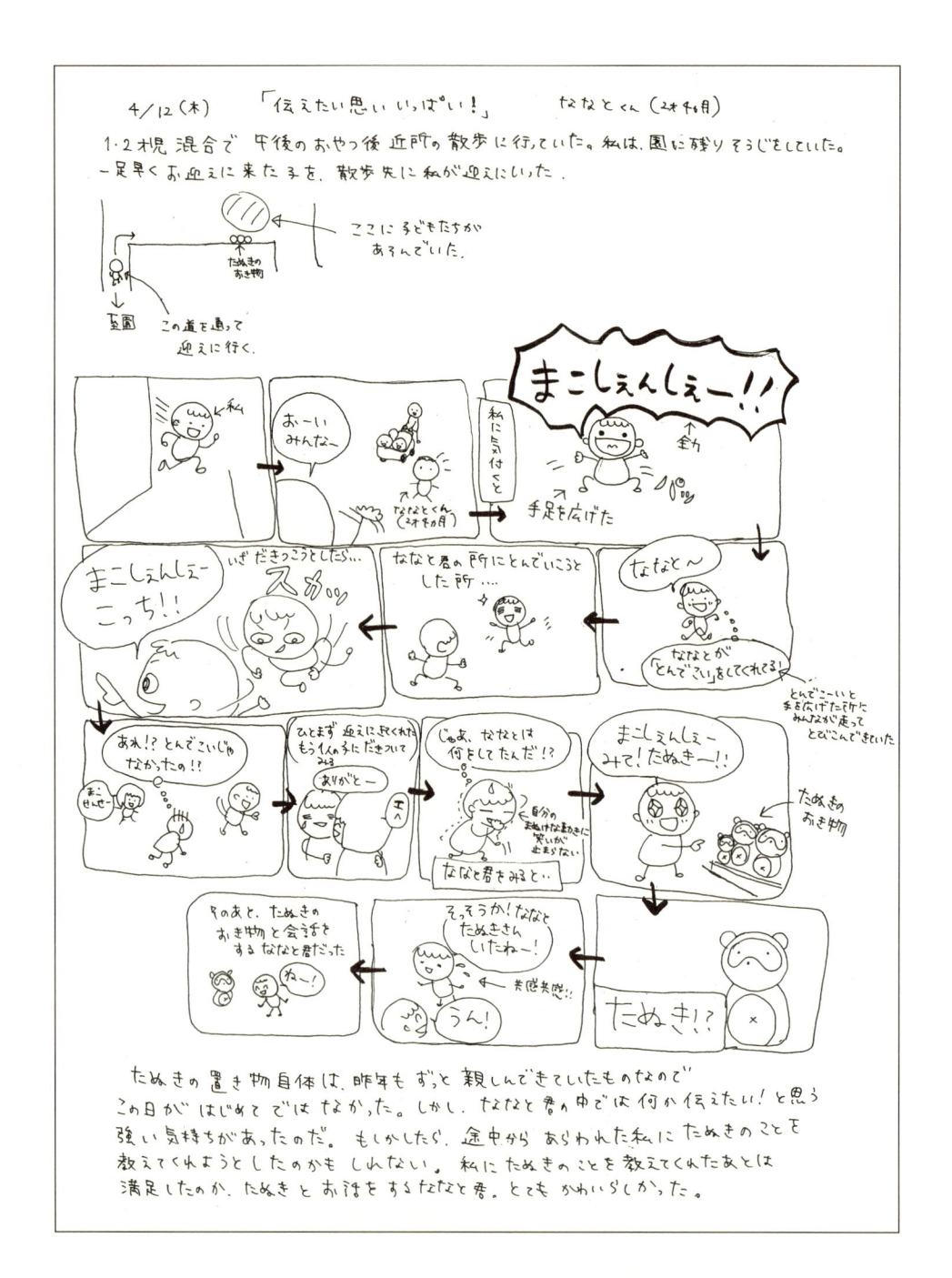

読みたくなる記録　伝わる記録

3 クラスだよりの面白さと可能性

　ところで、先の「保育イラスト」の場合は、伝える相手は保育者・保護者と多様ですが、保護者に伝えることをメインに書かれているのが連絡帳であり、クラスだよりです。実際にはこの二つが「メッセージとしての記録」の中心に位置づくのですが、特に幼児クラスで力を発揮するのがクラスだよりです。

　何といっても、保育の中で保育者が感じた「共感的メッセージ」を文章にのせて、保護者の所に届けようとするわけですから、書き続けることで、必然的に論理を見いだすことが可能になっていくはずなのです。

　たとえば次に紹介するのは、東京都で保育者をしていた頭金多絵さんのクラスだよりの一部です。年長組になるひとみちゃんが、それまで怖くてしかたなかった雲梯（うんてい）に挑戦する場面を描いたこのクラスだよりには、次のとおりひとみちゃんのことが紹介されています。1)

> マンモス公園のうんていは地上2m50cmくらいの高いうんていです。うさぎ組の後半から何人かの子どもたちがその上を渡ることに挑戦していました。一人二人と渡れる子が増えるたびに、うらやましそうに見ていたひとみちゃん。負けずぎらいのひとみちゃんは、誰よりもやってみたいのだけれど、どうしても怖いのです。やれる力はじゅうぶんに持っていたのだけれど、その怖いという気持ちをのりこえられる日を私（保育者）もずっと待っていました。

　そしてこの日。ひとみちゃんは、悩みに悩んだ末に、やっとの思いで雲梯に挑戦したのですが、そのときのひとみちゃんの心の揺れと、その心の揺れに寄り添おうとする保育者の思いがクラスだよりの中には次のように

1) 頭金さんのクラスだよりに関しては、拙著『子どもの自分づくりと保育の構造』（ひとなる書房）の中ですでに紹介したことがあります。少し以前のクラスだよりになりますが、再録させて頂きました。

記されているのです。

　そんな友達の様子を、うらやましそうにずっと見ているひとみちゃん。ジャングルジムの上までのぼって、時々うんていに近づき、やりたそうにチラチラと目をやっているのです。

　そんなひとみちゃんの揺れる心に、保育者である頭金さんは、次のようにステキな言葉をかけるのですが、そんな場面でさりげなく出てくる言葉が、じつはその保育者の人間性や価値観を表現しているのでしょう。その場面、クラスだよりの中でさらに次のように紹介されているのです。

　声のかけどころかな？　と思って、「ひとみちゃん！　先生も渡ったことなくて怖いけど、もしひとみちゃんがやろうと思った時はいっしょに渡ってみようかな」といってみました。すると一歩近づき、考えこんではまた下の方へ下りていきます。でもあきらめきれなくて登ってきます。

　ひとみちゃんの親でなくっても、子どもたちの抱くこんな気持ち、よくわかります。そして思わずこの記録を読みながら「ガンバレ」なんて声をかけたくなるシーンでもあるのです。「保育実践はドラマだ」なんてよく言われますが、問題はこの実践のドラマに、保育者がどのような演出をしていくことができるのかという点にあるのです。そしてまさにこの点にこそ、保育者の保育観の質と実践の力量が現れてくるのだと思います。
　さてそれではこの場面で頭金さんは、ひとみちゃんとの間に、いったいどんなステキな心のドラマをつくりだしていこうとしたのでしょうか。そしてそれは実際に、どんなドラマとして展開していったのでしょうか。そのあたりの経過がクラスだよりの中には、さらに次のように記されています。

　「ひとみちゃんは、リズムも鉄棒もとっても上手で、本当は力はいっぱいあって渡れるんだよ。ただ、今は怖いという気持ちがあって渡れないだけなんだよね。でもこんなのはどうかな。もしやりたいなという気持ちがあるなら、今日は三段だけやってみる……。どうかな？　いっしょにやろうか！」と声をかけ

ました。
　三段だけ、というところで気持ちが楽になったようで、キリリとひきしまった表情に変わると、はっきりと「さんだんだけ……やってみる」と言い、そしてついにやったのです。

「さんだんだけ……やってみる」。
　高い高い雲梯を前にして、悩みながらも意を決したひとみちゃんの、息づかいが伝わってくるようなシーンですが、こうした保育実践のドラマがこのクラスだよりの中には、じつにさりげなく記されているのです。
　いや、それだけではありません。このクラスだよりの優れているところは、こうした子どもたちの気持ちに保育者が寄り添いながら、しかもそこでその子どもの思いをクラス全体の仲間の中で確かめあおうとする保育の姿勢が、これまたさりげないコメントとして綴られている点です。

　たったの三段でもうさぎ組の時からずっと長いこと「やれるようになりたい」と願っていたひとみちゃんにとっては、この三段は、とっても大きな「たったの三段」だったのです。私（保育者）とひとみちゃんのやりとりをそばでずっと見守ってくれていたときちゃんも、ひとみちゃんと一緒にニコニコ笑いながら「すごいね、よかったね」と喜んでくれました。まわりにいた子どもたちも数人集まってきて、ひとみちゃんの三段を「すごーい」と言って見てくれました。

いくら高い雲梯とはいっても、ひとみちゃんののぼったのは、それでも「たったの三段」にすぎません。しかもひとみちゃんはもう年長です。その年長のひとみちゃんの「たったの三段」を、クラスの子たちがバカにすることもなく、素直に喜んでいる……。私はまず、この事実にさわやかな感動を感じないではいられないのですが、これはもちろん、保育者である頭金さんの保育観が子どもたちの所に素直に届いているからにほかなりません。

　事実、その後クラスの中では、「ひとみちゃんのがんばりは、たったの三段であっても、とても大きな三段であったこと」が頭金さんの口から語られ、そしてみんなで「ひとみちゃん、おめでとう！」と乾杯をしたといいます。

　けっして押しつけがましい文章ではありません。実践の事実と、それに寄り添う保育者の思いをさりげなく記録した文章なのです。でもこのさりげない文章の中に、じつは保育実践の本質にかかわったメッセージがいっぱいつまっている……。まさに、そんな感じのクラスだよりなのです。

　おそらくこんなクラスだよりをもらったら、たとえそれが自分の子どもについて書かれたものでなくても、親たちは「そうだ、そうだ」と共感しながら記事を読むことができるにちがいありません。そして保育者がひとみちゃんに投げかけた視線を、わが子を含めたクラス全体の子どもに投げかけられた視線として受け止めることができるにちがいないのです。

読みたくなる記録　伝わる記録

4 カギは共感的メッセージと見出しにあり

　先にもふれたとおり、幼稚園や保育園から送られてくるメッセージは、じつに多様な形態をもっています。園だより、連絡帳、電話での連絡、直接の会話と、その手段も多様であれば、メッセージの内容も多様なのです。
　しかしながらこの多様なメッセージも、よくみてみるとさらに次のように４つくらいの内容に分類することが可能なように思えます。

> A　行事・園生活にかかわる事務的な連絡事項
> B　園生活の諸問題に関する園からの要望事項
> C　保育のねらい・活動計画などの周知徹底
> D　保育実践の事実に関する紹介

　このうち、A・Bがいわゆる事務連絡型、Cが啓蒙型のメッセージに、つまり保育者から親への一方向的メッセージになりがちなのに対して、Dの場合は双方向的なメッセージであることを特徴としています。いや「双方向的」というよりもむしろ、共感的メッセージというほうがより適切なのかもしれません。
　おそらくいま、保育実践について考えるとき、保育者から発せられるこの共感的メッセージの存在が、とても大切な要素になっているように私には思えてしかたありません。いやそればかりではなく、親たちが求めている園からのメッセージもじつは、このように共感の輪を広げてくれるようなものなのだと思います。
　クラスだよりというメディアは、保育者が親たちに「どうしても伝えたい」と感じた実践の事実を記すことで成立します。つまり、もろもろのエ

ピソードの中に潜んでいる発達的事実を、共感的メッセージにのせながら伝達していくという特徴をもっているのです。

　当然、保育者は日々の実践の中から、ステキな子どもの育ちが見える部分を切り取り、その部分を具体的に、しかも的確な言葉で意味づけようと努力することになります。つまり、放っておけば埋もれてしまいがちなたくさんのエピソードに目をむけ、そしてそれを具体的な言葉に置き換え、メッセージとして発信しようと努力するようになってくるのです。

　くりかえしますが、クラスだよりを出し続けるということは、保育者が保育実践のエッセンスを探す努力を継続することを意味しているのです。そしてその努力を重ねることが、じつは結果として保育者自身も自覚していない、自らの保育実践の本質を明らかにするという副産物をもたらすことになってくる点が重要なのです。

　そしてその場合、意外にもキーポイントになっているのが、毎回のクラスだよりにつけられている見出し（タイトル）なのです。たとえば、ここでみてきた頭金さんのクラスだよりには「とっても大きなたったの三段」というステキなタイトルがつけられていました。一見すると何のことかよくわからなかったこのタイトルにこめられた、深い意味が、内容を読み進むにつれて明らかになってきたと思います。

　そうです。クラスだよりの見出しは、その日起こった保育のドラマの本質が、保育者の実感を伴う端的な言葉に集約されているのです。そしてその言葉は、実践の確かな一部であると同時に、保育者の保育観そのものを体現した言葉でもあるのです。

　日々の実践にこうしたタイトルをつけてみること。そのためにはまず、タイトルをつけるに値する実践が存在することが前提となります。計画と実践と、そして実践の成果に対する自己評価と……。その一連のプロセスが、メッセージとしての記録として書かれるクラスだよりの中には、たしかに存在しているのです。

Chapter 6

「小さな物語」を
「大きな物語」へ

「小さな物語」を「大きな物語」へ

1 「大きな物語」にある2つの側面

　保育の場で繰り返される「小さな物語」を、その園で展開される保育実践の本質を表現した「大きな物語」に発展させていくためには、次の3つのポイントを意識することが有効になると述べてきました。

1　実践に構造を見いだし、実践を再概念化すること。
2　実践の構造化に際しては、実践の「転機」となる場面を軸とすること。
3　実践を構造的に整理していく際、「メッセージとしての記録」を活用すること。

　前章では、ここに示したそれぞれのポイントについて、具体的な例をあげながら考えてきましたが、この章では、日々書きためた「日記としての実践記録」を中心に、保育計画・保育日誌や「メッセージとしての記録」（クラスだよりや連絡帳など）を総動員しながら、保育における「大きな物語」に整理していった事例についてみていくことにします。
　実際にまとめていく際には、これらの実践記録に加えて、写真・動画や、子どもたちがつくった作品も含めて、すっきりした論理の中に、価値ある事実が整理された、そんな保育実践記録を書いていくことが大切になることは言うまでもありません。（図9）
　重要な点は、そうやって立ち上がり、整理されていく「大きな物語」には、個々の子どもの「発達の物語」として整理される「子どもの育ちの物語」と、子どもたちの間で活動が生成・発展していく「保育実践の物語」という二種類の物語が存在することを意識しながら、保育実践記録にまとめていくことです。

```
                    保育実践記録
                    ↑    ↑    ↑
    メッセージとしての記録          日記としての記録
    (クラスだより・連絡帳など)        (保育日記)
                    ↑
                  保育日誌
```

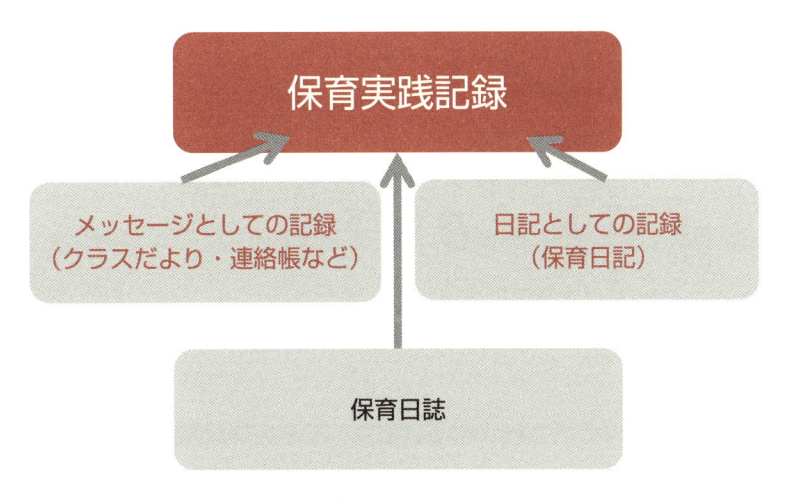

図9 「小さな物語」を保育実践記録へ

　たとえば、「いったいどうしてこんなことをするんだろう」という、悩みや苦しみの記録としてしか登場してこなかった一人の子どもが、それまで見せたことのない新たな行動をとり始めたとき、保育者はその子の中に「育ちの物語」の誕生を読みとります。

　そんなとき、これまで書きためた記録を「組み写真」のようにつなげてみると、その子の中に生じつつある「育ちの物語」を、はっきりと描きだすことが可能になってくるのです。そうやって立ち上がり、整理されていったものが「子どもの育ちの物語」です。

　あるいは、保育の中で生起する「大きな物語」の中には、子どもたちの中に生起する活動が、発展しながらつながっていく「保育実践の物語」として整理される場合もあります。一般に「プロジェクト」と呼ばれる活動の展開過程を記録したものがこれにあたりますが、共通の目標に向かって子どもたちが知恵と力をだしあっていく、その過程を記録した「保育実践の物語」は、<u>主体性と協同性をあわせもちながら発達する、子ども集団の物語として描きだされる特徴</u>をもっています。

　じつは、日々書きためてきた記録は、こうして「子どもの育ちの物語」や「保育実践の物語」に整理されることによって初めて、実践に本質的な意味を添えることになっていくのです。そしてその場合、この二つの物語が、表裏一体の関係をもちながら保育実践の本質を構成していくことになる点が重要です。

「小さな物語」を「大きな物語」へ

2 「日記としての記録」を「子どもの育ちの物語」へ

　さてそれでは、保育者が書いた「日記としての実践記録」が、「子どもの育ちの物語」へと整理された保育実践記録を、いくつか見てみることにしましょう。

　最初に見るのは、0・1歳児混合クラスで、オタマジャクシを飼育した実践の記録です。まだ言葉のない0歳児や1歳児とオタマジャクシを飼育する実践が、一般的に意味ある実践と考えられているわけではありません。

　しかしながらたまたま、研修の場で0歳児のクラスでミニトマトを栽培した実践と、カエルを飼った（保育者が飼育しただけなのですが）実践を耳にしたR先生が、なぜかやってみようと思い立って始めたのがこの実践です。

　オタマジャクシを飼育していく過程で、1歳3ヵ月になったミキちゃんとの間に、様々な偶然の出来事を経ながら、同調と共感の関係がつくられていく実践の記録になっています。記録は大きく言って、4つのシーンに整理できます。

シーン 1

「オタマジャクシって、なんだろう？」

（6月6日：1歳3ヵ月）

保育者　ミキをテラスに呼び、水槽のフタを開けながら「これはねー、オタマジャクシだよ。いっぱい泳いでるね」とミキに語った。

ミキ　　顔を近づけ、無言のままだった。しばらくすると、水槽をおさえて左右にガタガタ揺らし、水槽の中に手を入れて触ろうとした。

保育者　（アッ、汚い！　ばい菌がつく！）と思い、すかさず止める。
ミキ　　手を止められ、再び見ていたが、すぐにイヤになったのか、他の場所に行ってしまった。

【じっと見ていたけれど、きっと何かを感じたにちがいない。ミキなりに興味を示してさわろうとしたけれども、衛生的に良くないので止めちゃった。はたしてよかったのかなあ？　少しぐらい触れたって大丈夫だったかもしれない。よし、次は触らせてあげよう！】

> R先生は、こうした関係を、機会を見つけてはつくりだしていくのですが、それから2週間が経過した6月20日に、ちょっとした変化が訪れたと記録には記されています。

> 1歳3ヵ月のミキちゃんに、オタマジャクシがどのように認識されたか、それはよくわかりません。興味を持って手を出してきたのを止めたことが、良かったのか悪かったのか、それも本当のところはわかりません。しかしながらここに、同じものを見つめあい、興味を共有しあう「共同注視」の関係がつくられている点は大切です。そして、そうやって「共同注視」した世界を、言葉で補っている点も重要です。

シーン 2
「オタマジャクシは、カエルの子？」

（6月20日：1歳3ヵ月）

　オタマジャクシに餌をやろうと思い、ミキと一緒にテラスに出て、オタマジャクシの水槽のふたを開けた。
保育者「オタマジャクシさんに餌をやろうね。いっぱい食べて、大きくなるといいね」
　　　（こう言いながら、金魚のえさをオタマジャクシにあげた）
ミキ　保育者の餌やりを見てやりたくなったのか、「アイー」と言いながら手を出してきた。
保育者「はい、どうぞ」
ミキ　餌をもらうと、すぐに水槽に落とした。しばらくすると、餌を食べるところを見つめながら、モグモグしてるよとでも言うように「アウ、アウ、アウ」と言う。

【おー！　ミキがオタマジャクシを見ている。そうだ！　オタマジャクシの歌があった。歌を歌って、楽しく見れるといいな。】

保育者「おーたまじゃくしは、かえるのこ～、なまずのまごではないじゃろな、それが、それが……」「おーたまじゃく

> ミキちゃんが「アウ、アウ、アウ」といった場面を「モグモグ」と理解するのは、少し過剰解釈のように思えますが、こうした過剰解釈の部分も含めて、二人の間に同調・共感の関係が広がっていることがわかります。

　　　　しは、かえるのこ〜」
ミキ　　保育者の歌を聞きながら、体を左右に揺らして「オーオー
　　　　……シーシー……」と楽しそうに口ずさんでいる。

【しまった！　歌詞を忘れてしまった……。でも、ミキが楽しそうに歌っている。よし、このまま同じところを繰り返し歌おう！】

　しばらく、ミキと一緒にオタマジャクシの歌を歌った。

【6月上旬に比べると、オタマジャクシに興味をもつ時間が長くなったな。歌を歌って、楽しく見ることができてよかった。ミキも真似して口ずさんでいたな。でも、歌詞を忘れたのは失敗だった。先輩に聞いて、歌えるようにしておこう。】

> じつは、ここでR先生が歌を歌ったことにも、本当は大きな意味があります。1歳前半の時期は、興味を共有する「共同注視」の関係と、歌を歌ったり、歌を伴う遊び（模倣遊び）をしたりする「同調・共感」の関係をつくることが、重要な時期なのです。

　R先生が「共同注視」のことを認識していたかどうか私にはわかりませんが（R先生も含めて、学習会で話したことは確かですが）、原則的なかかわりを、じつに自然にやっていることが分かります。そして、歌詞を忘れた場面を、「先輩に聞いて、歌えるようにしておこう」と気軽にまとめている点なども、育ちあう保育者集団の空気が感じられてステキだと思います。

シーン 3
「オタマジャクシは、メンメ！」

（7月7日：1歳4ヵ月）

　オタマジャクシに足が生えて来たので、ミキに見せた。
保育者「オタマジャクシさんに、足が生えてきたよ！」
ミキ　　水槽をのぞきこみながら、「メン、メンメー」と言いだした。

【オーッ！　オタマジャクシのことを「メンメ（虫）」と言った。保育園で虫のことを「メンメ」って言うから、オタマジャクシを生き物だと思ったんだ。足が生えたことは気づいたかな？　よし、もっと近くで見せてあげよう！】

> オタマジャクシに対してミキちゃんが抱く興味の感情を、保育者と共有すべく、ミキちゃんが「メン、メンメー」と語った場面は、ミキちゃんの中に「三項関係」が育っていることを示す重要な場面です。
> 願わくは、ここでR先生に「メンメいるねー」といった共感の言葉をはさんでほしい場面ですが、残念ながら記録の中にそうした言葉は書かれていません。ここで共感の言葉をはさんでいたら、この場面は、起承転結の「転」に位置づく、意味ある場面へと発展していたかもしれません。

保育者　オタマジャクシを手ですくい、「足が生えてるよ！」と見
　　　　せた。
ミキ　　「メンメ、メンメ」と言いながら、じっと見ている。しばら
　　　　くして保育士の手に触れようとするが、途中で手を止めて
　　　　見ていた。

【あっ！　ミキが触ろうとしている。6月の時は手を止めてしまっ
たから、今度こそ触らせてあげよう！】

保育者　「ほら、あんよ。足が生えてるよ！」とミキの手のひらにの
　　　　せた。
ミキ　　その瞬間、「メンメ、いやーっ」と顔をひきつらせて叫
　　　　び、オタマジャクシを水槽に落とした。

【しまった！　ミキが嫌がっている。オタマジャクシを嫌いになっ
たらよくないな。無理は止めよう。】

保育者　「ミキちゃん、ごめんね」「今日はもうバイバイしようね」
　　　　とふたを閉めた。
ミキ　　何事もなかったような表情で行ってしまった。

【オタマジャクシが怖かったのかなあ？　6月の反省があったから
触らせてあげようと思ったけど……。オタマジャクシを嫌いになっ
ていないかなあ？　不安だ。でも、はっきりと「メンメ」と言える
ようになったなあ。これからは、怖がらせないように楽しく興味を
もって見せてあげることにしよう。】

> ところがR先生は、ミキちゃんに同調するより前に、6月の反省もあり、ミキちゃんに「オタマジャクシを触らせてあげよう」と、少し気持ちが先走ってしまったのです。そしてそれが、二人の関係が少しズレしてしまう原因になってしまったのです。

シーン 4-1

「オタマジャクシってカエルだったんだ」

（7月28日：1歳4ヵ月）

　オタマジャクシがカエルになった。私自身がうれしくて、ルンルン気分でミキに見せた。
保育者「オタマジャクシさんがカエルになったよ！　ケロケロガエルだよ！」
ミキ　　カエルを見ながら指をさし、「アエ、アエ、アエ」と言った。

【今の「アエ」は「カエル」と言おうとしたんだ！　スゴイ！「アエ」って言った。うれしい！　そうだ、カエルの歌を歌おう。】

保育者「カエルの歌が、聞こえてくるよ～　グワ、グワ、グワ、グワ、ゲゲゲゲ……」
ミキ　　「カー、カー、ケ、ケ、ケ、クワッ、クワッ」と歌った。

【おたまじゃくしがカエルになったところをミキに見せることができてよかった。面倒くさいなあって思ったこともあったけど、頑張って飼育した甲斐があった。ミキはオタマジャクシがカエルになったことを理解したかどうかはわからないけど、「アエ」と言って興味をもって見ていたなあ……。よーし、次はカエルの特技でもある泳ぎを見せてあげよう！】

シーン 4-2

「カエルがスーイスイ」

（8月8日）

　カエルの特技でもある泳ぎを見せることにした。ミキの前でタライに水を入れ、カエルをタライに放した。カエルは予想していた通り、泳ぎだした。
保育者「カエルがスイスイ泳いでいるよ！」「きもちよさそうだねー」
ミキ　　無言のままジッと見ている。そのうち指を指して、「カエー」と言った。

【オーッ！　ミキが「カエー」って言った。「カエル」とまでは言わなかったけれど、「アエ」が「カエ」になった。すごい！　うれしい！　よし、もっと「カエル」と言って言葉を促してみよう。】

保育者　カエルがタライを登りだしてきたのでカエルを捕まえ、ミキの腕に乗せてみた。
保育者　「そうだね、カエルだよ。カエル、カエル、カエル。」
ミキ　　「カエー」「カエー」と言いながらジッと見ていた。
ミキ　　表情は穏やかに見えたが、腕にいるカエルを見て「カエー」と叫んだ。すぐに「取って」という感じで手を突き出してきたが、そのままカエルをジッと見ていた。

> その後ミキちゃんは、カエルの絵本を見ると、「カエル」とはっきり言うようになり、「カエルノウタガ…」と「カエルの歌」の冒頭部分を歌えるようになっていったというのですが、じつは、ミキちゃんが「アエ、アエ、アエ」と言ったシーン4-1にこの実践の山があることが分かります。つまり、起承転結の「転」の部分です。
> 　カエルを間に挟んで変化したのは、R先生とミキちゃんの関係です。ミキちゃんの気持ちにR先生が応え、R先生の気持ちにミキちゃんが応えていく……。そんな応答的関係の心地よさを、双方とも感じるようになってきたのではないでしょうか。
> 　教育の関係を「啐啄同時」という言葉で表現したりしますが、まさにそんな関係を、保育者と子どもの双方が、学び成長していった記録です。

「小さな物語」を「大きな物語」へ

3 カクレンボ遊びの中に現れた「子どもの育ちの物語」

　それではもう一つ、カクレンボの活動を展開していく過程で、3歳児の心（認識と感情）が育っていった実践記録を、紹介することにしましょう。

　カクレンボに興じる3歳児の子どもたち……。もっとも、興じると言っても、実際には保育者についてみんながゾロゾロ……。そんな感じで遊び始めた子どもの様子（10月6日）を、担任のS先生とK先生は次のように記しています。

　アサミ、タクトが「先生、カクレンボしよう」と声をかけてきたことをきっかけに、カクレンボが始まった。最初に声をかけてきた2人を含め、子ども8人と保育者でカクレンボが始まる。
　さて、どんなふうに隠れるかというと、それぞれが隠れ場所を考えて隠れるというのではない。保育者が隠れようとすると、後ろからゾロゾロと、みんなでアヒルのようについてくるのだ。だから、一瞬のうちに見つけられてしまうのだが、それでも7、8回カクレンボは続いた。
　ところが、ケントがオニになると、待っていてもなかなか迎えに来てくれない。それもそのはず、彼は途中で気が変わり、砂遊びを始めたのだった。

　こんな感じで始まっていったカクレンボだというのですが、それでも2ヵ月も続けているうちに、分かれて隠れることの大切さは、子どもたちも理解するようになってきたと、記録には書かれています。
　そしてそうやってカクレンボを楽しむ中、ヨシキ君の遊び方をめぐって、トラブルが発生したのだと言います。それからの顛末を、ヨシキ君の「育ちの物語」として整理してみると、次のようにまと

めることができると思います。育ちをとらえるシーンは、大きく言って4つに整理できます。

シーン 1
「だって、ヨシキ、オニが怖いんだもん」

（12月22日）

タクミ「ねえ先生、ヨシキ君のこと、入れてあげるの、もうやめようよ。だってさ、僕が見つけたのに、オニはやりたくないっていうんだよ！」
（見ると、3メートルくらい離れたところに、ヨシキが固まって立っていた。）
ヨシキ「ヨシキはオニなんか嫌なんだよっ、バカッ、バカッ！」
（こう言いながら、持っていた石をタクミ君めがけて投げつけ、それが運悪くタクミ君の左まゆにあたってしまった。）
保育者「ヨシキ君は、どうしてそんなにオニがきらいなの？」
ヨシキ「だって、だって、ヨシキ、オニが怖いんだもん……」

> 3歳になった子どもたちがカクレンボ・オニゴッコを始めたとき、よく遭遇する場面です。ヨシキ君の場合は、「オニが怖い」と言って活動から去っていったわけですが、現実に存在しない虚構世界を頭の中に描きだし、意識することができるようになったこの時期だから生じる、不思議な感覚なのでしょうね。

　厄介なのは、頭の中に「オニが怖い」という観念を一度つくってしまうと、だれがどんな言葉で説得しても、その説得に応じてくれない点にあります。ヨシキ君の場合もその例外ではなく、「オニったってさ、本物じゃないよ」とか、「オニが嫌なら、捕まる前に逃げればいい」といった仲間のやさしいアドバイスを払いのけ、ヨシキ君はカクレンボに参加することを拒み続けていたのだと言います。
　そんなヨシキ君の中に、少し変化が表れ始めたことが、3日後の記録には記されています。

シーン 2
オニの周りを、用もないのにグルグル回るヨシキ
（12月25日）

保育者「ヨシキ君も一緒にやろうよ」
ヨシキ「ヨシキ、やんないよ」
　（と言いながらヨシキは、カクレンボを楽しむ仲間の様子を滑り台の上からじーっと見たり、「もういいかい？」というオニの周りを、用もないのにグルグル回っては、チラ、チラと横目で見ている。）

> 　じつは、短い記録ですが、大きな意味をもった記録です。
> 　「オニが怖い」と言ってカクレンボを拒否した時点で、ヨシキ君の中には「カクレンボしたい」という要求世界と、「オニが怖い」という知的世界との二つの世界が、切り離された状態で存在していたのです（図10の左枠）。
> 　もちろん、このときには「カクレンボをしたい」という気持ちに引っ張られて楽しんでいたのですが、オニになった途端に、オニの恐怖に支配されるようになってしまったわけです。

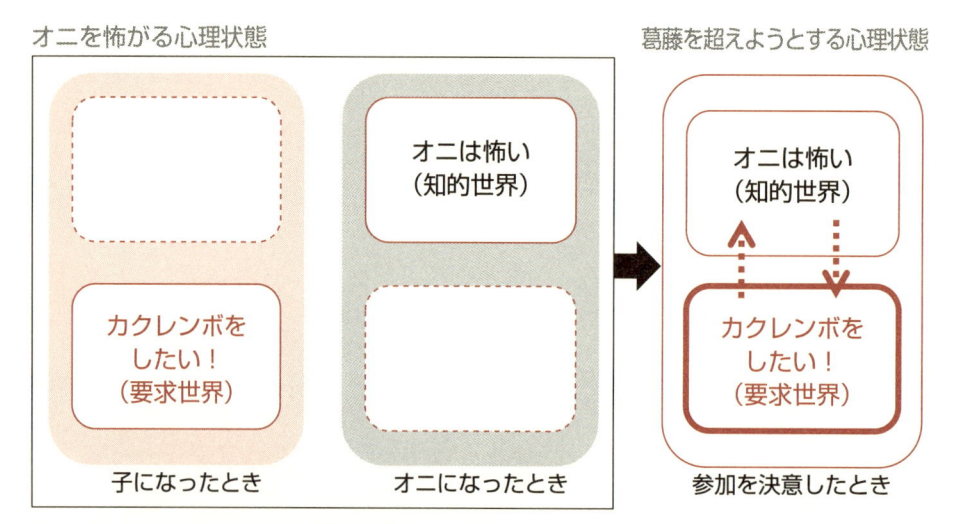

図10　ヨシキ君の心理状態の変化

ところが、この二つの世界を自分の力でつなげようと、ヨシキ君の中で葛藤が始まっていったのが、この場面なのです。つまり、「怖さ」と「面白さ」との間をつなげたいという思いが、用もないのにオニの周りを回る行動に表出されているのです。(図10の右端)
　保育者が誘うと、「ヨシキ、やんないよ」と拒否するヨシキ君ですが、確実に何かが変わり始めている、そんな予感のようなものがこの記録には表現されています。
　変化は、翌日表れてきました。

シーン 3

「先生、早く隠れようよ」

（12月26日）

タカシ「カクレンボ、しようよ」
保育者「お友だち、呼んできて！」
タカシ「カクレンボする人、この指とまれ」
　（タカシの呼びかけに応えて集まった子どもの中に、ヨシキ君の姿が……）
タカシ「じゃんけんでオニを決めよう」
　（じゃんけんでオニ決めをすると、よりによってヨシキがオニに）

ヨシキ「なんだよっ、ヨシキやんないよ！」
（ふてくされるヨシキに、すかさず声をかける）
保育者「ヨシキ君、私と一緒にオニをやってみない？　一人なら怖くても、二人一緒ならだいじょうぶ！」
（ヨシキは最初、からだをくねらせたりしていたが、突然しゃがみこむ）
ヨシキ「イチ、二、サン……」
（あわてて私もしゃがみこみ、いっしょに声を合わせる）
　他の子の「もういいよ」の声に顔を上げ、保育者の手をギュッと握りしめたまま、友だちを探しに行く。全員見つかると、「先生、早く隠れようよ」と手を引っ張る。隠れている間も私の手を握っていたが、3回目になると自分から手をふりほどき、一人でゲームの中に入っていった。

> じつはヨシキ君が最初にオニになることを拒否した日、S先生はその日の記録を、次のように記していました。

　あの時、ヨシキ君一人で怖いのなら、私もオニ役を一緒にやってあげればよかった。そうすれば、オニがすぐに交代できることや、オニの面白さが分かったかもしれない……。

> このときの反省があったから、シーン3の場面で、とっさに「私と一緒にオニをやってみない？　一人なら怖くても、二人一緒ならだいじょうぶ！」という言葉が出てきた点が重要です。

> 　自分なりに葛藤を克服して、カクレンボをやってみようと決意したヨシキ君。ところが、せっかく参加したカクレンボで、いきなりオニに……。S先生のとっさの言葉に、一瞬の戸惑いはあったものの、再度決意して、突然しゃがみこむ……。そしてS先生と手をつないで一緒にオニをやり、一緒に隠れ……。最後に自分でS先生の手を振りほどくまでの心の葛藤が、やはりドラマだと思います。
> 　つまりここには、揺れと葛藤の世界を生きる、3歳児の心の揺れと、その揺れを克服していく「育ちの物語」が見事に描かれているのですが、それはこの時期の子どもたちが、どこかで経験しなければならない「育ちの物語」でもあるのです。
> 　そしてその日の給食のとき、ヨシキ君はこれまで見せたことのない明るい顔で、保育者に語りかけてきたといいます。

シーン 4

「先生、ヨシキ、今日カクレンボしたんだよね！」

　給食の時間になり、部屋に戻ったとき、ヨシキは晴れ晴れした表情で語りかけてきた。
ヨシキ「先生、ヨシキ、今日カクレンボしたんだよね！　オニやったんだよね！」
保育者「オニ、やってみてどうだった？　怖かった？」
ヨシキ「ぜーんぜん！　怖くなかった」
　すると、ままごとコーナーのほうに目をやり、何かひらめいたように話し始めた。
ヨシキ「あっ、あんなところにお皿が落ちているから、ヨシキ片づけてあげよっと」
　いつもは途中でふざけてしまう食事も、全部食べおかわりをする。着替えのときも、「ヨシキ、自分でできるから」といいながらさっさと着替える姿が見られた。

> 　葛藤を克服し、何か吹っ切れたような感じで保育者に語りかけるヨシキ君の姿が、これまた絵に描いたような行動とともに記録の中に記された場面です。
> 　もちろんヨシキ君のみならず、それぞれの子どもの中に、葛藤を克服しながら自分を変えていく「育ちの物語」が、それぞれ違った形で存在しているのです。

139

「小さな物語」を「大きな物語」へ

4 「子どもとつくる保育」を「保育実践の物語」に

　さて、これまで活動を展開していく過程で生じる「子どもの育ちの物語」についてみてきましたが、活動そのものの展開過程を記したのが「保育実践の物語」です。
　いやもう少し正確に言うなら、子どもたちが活動をつくりだしていく過程で生じるドラマの数々を記したもの、それが「保育実践の物語」として整理された保育実践記録です。
　当然のことながらこのタイプの記録は、3歳以上の保育の中でとりわけ大きな意味をもつことになるのですが、もちろん2歳児を対象にした保育実践においても、子どもとつくる保育実践は成立します。
　たとえば、次に紹介するのは、2歳児クラスで子どもの中に流行りかけた不思議な遊びの記録です。
　記録は園の向かい側にあるゴミ置き場にやってくるゴミ収集車に興味をもち、収集車の音（エンジン音や曲）が聞こえてくると、遊びを中断して、駆け寄って見る2歳児クラスの子どもの姿から書き始められているのですが、記録を書いたT先生が理解できなかったのは、ヒロ君の次のような行動だったと言います。

　保育室でヒロ君がオモチャ棚のぬいぐるみ人形を、すべて床に放り投げたと思うと、今度は床のぬいぐるみを一つずつ拾い、元の棚のほうへ放り投げているのです。
保育者「お人形は全部出さないで！　使いたいのはどれ？　投げないで、優しくお片づけしよう」
　優しく話したつもりだがヒロ君には届かず、ヒロ君は棚のぬいぐるみを床に投げて、棚に投げ返す動作を繰り返すのみ……。何をしたいのか理解できなかったので、しばらくヒロ君の様子を見ていたら、今度は突然歌いながらぬいぐるみを放り始めたのです。

ヒロ　「チャンカチャンチャン、チャンカチャンチャン」

　ヒロ君はいつも来るゴミ収集車の音を出しながら、ぬいぐるみを棚に放り投げていたのです。この行動を見て、私にもやっとヒロ君の行動の意味が理解できました。

保育者「ヒロ君、ゴミ収集車なんだね」

　私の声にヒロ君は笑顔でうなずき、いっそう大きな声で「チャンカチャンチャン」と歌いながら人形を放り投げ始めたのです。

> そうです。2歳のヒロ君は、いつも来るゴミ収集車のオジサンの姿を、ごっこ遊びの中に再現していたのです。ぬいぐるみをゴミに、オモチャ棚を清掃車に見立てて遊ぶヒロ君の姿に、T先生は少し悩みながらも見守ることにしたとして、その後の様子がさらに次のように記されています。

> 2歳のヒロ君の遊びの意味を、ここまで理解しているT先生ですが、それでも「ぬいぐるみを投げて遊ぶのは止めさせなければ」と葛藤していくのです。

　私は、棚の人形を全部出し（とてもちらかっていました）、放り投げて入れるという行動に迷いを感じたのですが、ヒロ君のゴミ収集車を観察する力、イメージする力はすごいものだなと思い、ヒロ君が満足するまで見守ることにしました。

　何といっても遊びの中のヒロ君、実際の作業員がゴミを収集車に入れるように後ろ向きに放り、収集車のレバーを引く動作や、ボタンを押す仕草までしていたのですから。

> 　ところがT先生が葛藤している間に、ヒロ君だけでなく、この遊びがクラス全体に広がっていったというのです。そして次第に遊びはエスカレートし、片づけのときなど、ヒロ君を先頭に多くの子どもたちが人形を投げあうようになってきたというのです。
> 　しかしながら残念なことに、T先生の記録はここで終わってしまっているのです。

次の活動へのひらめきとプロジェクト

　ぬいぐるみを投げる行為を止めるべきか、容認すべきか、T先生はこうした二者択一の議論から自由になれず、その悩みを記録に書いて終わってしまったのですが、皆さんならこの場面、いったいどうしますか。

　<u>じつは、実践記録を書く最大の意味は、子どもを理解することにあるのではなく、書かれた事実の中に、明日の活動を見いだす点にあるのだ</u>と書いたことがあります。この場面もまさにその通りで、子どもの中に広がる面白さを、どこに向けて発展させていったら面白さが広がっていくのか……。こんな発想で記録を読み直す習慣をつけていたら、きっとここは、違った実践が生みだされていたはずなのです。

　たとえば同じような場面に遭遇した別の園で、まったく違った実践に発展していった事例を聞いたことがあります。その園では保育者たちが電気屋さんから大型冷蔵庫のダンボールをもらってきて、工夫を凝らしたゴミ収集車をつくって子どもたちを待ってみたというのです。収集車の後部は開閉可能で、しかも中にはビニール袋の塊が……。

　それを見つけた2歳児たちのその後の活動は、容易に想像できることと思います。遊びの途中で手袋を要求してくる子がいたかと思えば、バンダナのようなものを要求してくる子もいる。また別の子は、帽子を反対に被って、もう気分はすっかりゴミ収集車のおじさんに……。

　子どもの姿を見ながら（記録しながら）、保育者にひらめきが生じてくれば、活動を発展させるイメージが湧いてきます。すると記録を書きながら、クラスの中に「何かが生まれてきそうな」予感が

あふれてくるのです。

　そうやって、予感をつなげながら子どもとつくりだしていく実践が、一般にプロジェクトと呼ばれる実践です。子どもと保育者が、活動の共同構成者として「未完のシナリオ」を完成させていく、そんな活動を組織していこうとすれば、当然のことながら質の高い対話が必要になります。

　さてそれでは、そうやって子どもと保育者が協同してつくりだしていった保育実践の記録を、次の二つの事例について検討してみることにしましょう。
　　3歳児の「プロジェクト：ダンゴムシ」
　　5歳児の「プロジェクト：おたのしみ会」

「小さな物語」を「大きな物語」へ

保育実践の物語 1

ダンゴムシの不思議と出会って
―ダンゴムシと過ごした3歳児17名の8ヵ月―

実践者　栗山ゆう子

　園庭のダンゴムシに興味を持った3歳児クラス（男児10名・女児7名）の子どもたちが、4月に「ダンゴムシのおうち」を飼育ケースで作ってから、様々な不思議に出会っていく過程で、3歳児らしい「興味の共同体」に育っていく「保育実践の物語」です。
　4月の「ダンゴムシのおうち」づくりから始まって、11月末に少なくなったダンゴムシを園庭の隅に還すまでの8ヵ月間の実践を記録したものです。

第1話　「ダンゴムシの家」をつくろう（4月9日〜4月22日）

飼育ケースを使って「ダンゴムシの家」を作ろう

　3歳児クラスになった子どもたちは、保育室が2階から1階に移ったこともあり、毎日のように園庭遊びをしていたといいます。そんな中、ダンゴムシを見つけた子どもたちが、「捕って」と保育者に要求してくるようになってきたというのです。
　自分で捕まえることのできる子は少なく、保育者が手やお皿に乗せてあげるのですが、すぐに逃げられてしまい、また「捕って」と言いにくる……。そこで栗山先生は、飼育ケースを用意して、花壇の土を入れ、そこに子どもたちが見つけたダンゴムシを入れて、部屋で飼育したのだそうです。
　そんな子どもたちが、顔を寄せ合いながらケースを覗きこむ姿が、次のように記録され

ています。

あきら「ダンゴムシ、葉っぱ食べて〜」
しげる「ありんこ食べるんだよ」
あきら「食べないよ、きっと」
しげる「食べるよ」
保育者「食べてたの見えた？」
あきら「うん！　ダンゴムシ葉っぱあるよ〜、ゴチソウあるよ、早く食べれ、みんなで」
しげる「（枯葉を）食べてる、見て！」
保育者「よーし！　じゃ葉っぱたくさん入れてあげようか」

ダンゴムシ水没事件発生（4月17日）

　こんな感じで飼いはじめたダンゴムシに、霧

新学期早々、園庭でダンゴムシ探しに熱中する子どもたち（4月）

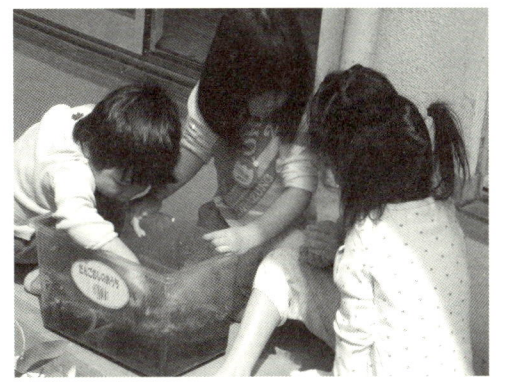

「あっ、いま、ダンゴムシがグルリンパした」（4月）

吹きで水をかけて世話をしているうちに、ケースの中のダンゴムシなら、自分で捕ることができる子どもが増えてきたと言います。
　ところがそんなある日、「ダンゴムシが大変なことになってる」と他のクラスの保育者が……。その時の様子が、実践記録の中には次のように記されています。

　行ってみると、くみことこうじがダンゴムシの飼育ケースにペットボトルで水をドボドボ入れてしまっていた。水をあげようという好意からのようだが、かなりの被害が出ていた。子どもより、保育者のほうが落胆したが、もう一度子どもたちにも手伝ってもらって作り直すことにした。

ダンゴムシに親しみ、また自分で捕まえられる子が増えたこともあり、あっという間に「ダンゴムシのおうち」は再生した。

　3歳児の飼育活動で、よく遭遇する事件です。彼らの行動に「悪意」はないのですが、ダンゴムシにとっては迷惑なこと、けっこうあるのです。事件が起きると、その意味をいちいち説明（説教）する保育者を時に見かけたりしますが、ここは保育者の「落胆」した表情だけで、十分に教育的です。
　その後、友だちが夢中になっている姿に刺激を受けて興味を持ち、その友だちに手助けされながら夢中になっていく形で、クラスの中にダンゴムシ仲間は着実に広がっていったといいます。

第2話　ダンゴムシとの多様な出会いが子どもを変える （4月22日〜6月18日）

3歳児、ダンゴムシの前でダンゴムシの本と出会う

　こうしてダンゴムシに対する興味が広がっていくなか、栗山先生は保育室にダンゴムシの本を数冊用意し、子どもの求めに応じて読んでいたといいます。
　そんなある日、実際に外でダンゴムシ探しをしているところへ、けんとが『ダンゴムシ（やあ！　出会えたね）』（今森光彦、アリス館）の本を持ってきて、「読んで」と催促してきたというのです。そして、ダンゴムシの

> オスとメスの違いを表す写真が出てきたところで、次のように会話が展開していったと記録の中には書かれています。(4月22日)

けんと「あのね女の子がね、あのね赤ちゃん産んで結婚するんだ。そういうこと知らなかったでしょ」
保育者「ダンゴムシも男の子と女の子がいるんだ」
けんと「うん！ 読んで」
保育者「(本の一節)『よく見ると灰色の体にクリーム色の美しいてんてんもようがついているものがいることに気づきました』だって。ついてる？」
けんと「ついてる」
あきら「ほら捕まえちゃったよ」(見せてくれる)
保育者「模様、ついてる？」
たかし「あった！」
けんと「それね、ちょっと読んで」(絵本の先を催促する)
　さらに脱皮のページに進んでいく。
保育者「これは何してるの？」
けんと「皮ね、ちょっとずつ脱いでるの。後ろから脱ぐんだ」
保育者「どうして半分ずつ脱ぐんだろう？」
けんと「いっぺんに脱いじゃうとね、痛くなっちゃうんだって、身体全体」
保育者「痛くなっちゃうんだ」
けんと「これが最初に脱いだとこ。それでね、これをダンゴムシが食べるんだ。ダンゴムシの洋服って、栄養がいいからね。だってさ、くり先生が前教えてくれたんだもん。すごい栄養があるんだダンゴムシって。(ページをめくりながら解説を続ける)丸くなるんだ。まず裏返しになって1番2番3番っていくの、わかった？ それでね葉っぱの下とかにいるんだ。ここは葉っぱを食べているところ、これは目でしょう、それでここが口、それでここが足なんだ。これが全部背中。この次は葉っぱの下、石の下、いろんな所にいるよ。また読んでみよう」(もう1度最初から読むよう保育者に催促する)

けんと君が夢中になった写真絵本 『やあ！　出会えたね　ダンゴムシ』(今森光彦・文／写真　アリス館)

　けんとは知識欲が旺盛。ダンゴムシを捕まえることはあまりしないのだが、興味を持った本は繰り返し読んでほしがり、「何で？」を連発する。内容も、あっというまに覚えて、自分の知っていることとして、友だちや保育者に教えてくれるようになった。

> 　絵本や図鑑が保育室にあることで、子どもたちの興味・関心の質が変わっていきます。絵本・図鑑から得た知識と、実際に体験して理解したこととが、子どもの中で融合し、化学反応を起こしていくのです。大切なことは、そうやって多様な形で化学反応していく幼児の知の世界を、具体的な事実とともに記録していくことです。保育者のこうした努力を通して初めて、乳幼児に多様な経験を保障

する意味が、誰の目にも明らかになっていくのです。

それぞれの子どものダンゴムシ体験

　こうしてダンゴムシに対する子どもたちの興味が広がっていくと、飼育ケースで作った「ダンゴムシの家」も、だんだん手狭になっていったといいます。そこでダンボールで作った大型の家に引っ越しをすることにしたのですが、もうその頃になると、子どもたちも積極的に新しい「ダンゴムシの家」づくりに関わるようになっていったと記録には書かれています。
　もちろん、その過程で子どもたちは、ダンゴムシとの個性的な出会いを経験していくことになるのですが、そんな出会いの例を3つ紹介することにしましょう。

段ボール箱で「ダンゴムシ」の家づくり（4月）

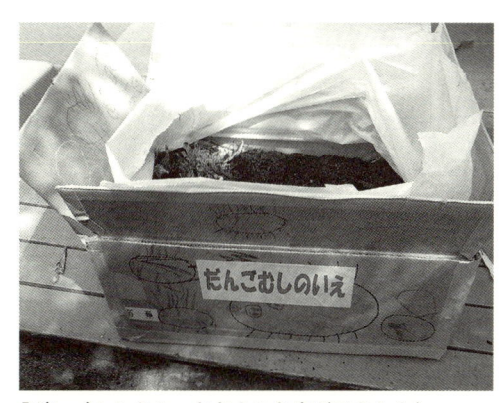

「ダンゴムシさん、おおきいお家ができたよ」

出会い1　まさし、半分脱皮したダンゴムシと出会う

　ダンゴムシのお家に顔を埋めるようにして、熱心にダンゴムシを集めていたまさしが、半分脱皮したダンゴムシを見つける。

まさし「白いの脱いでる……」（本の中で見たものと実際の姿が重なった瞬間）
保育者「本当に半分ずつだ！」
まさし「ダンゴムシ、皮脱ぐんだよ。もっと皮脱いでるの探してみる」
　（まさしはこう言いながら。1匹1匹確認していた。）

出会い2　ダンゴムシ好きだって言ってた（6月11日）

　ダンゴムシを見ているだけで幸せそうなくみこ。ダンゴムシが土に潜っていくのを見て、保育者が話しかけた。

保育者「見に来るといつも土に潜るんだよね〜」
くみこ「土、掘りたいんだよ。あーっ！　くみちゃんがやったの出てきた。いっぱい探したんだよ。くみちゃんが探したやつしか出てこないよ」
保育者「出てきてるのは全部くみこちゃんが見つけたの？」
くみこ「そうだよ。あっ！　もぐった〜、また出てきた〜。くみちゃんが、好き

147

なんですか〜？　あははは…（笑）好きだって言ってた。（自分で手に乗せて）くみこちゃんの側に来た〜」

くみこはダンゴムシに家族のような親しみの気持ちで関わり、かわいくてしかたがない様子が随所に見られる。一方けんとは、同じ親しみでも「育てている」という意識があるようだ。

出会い3　お休みの日は、世話できないけどさ（6月11日）

けんとの朝は、ダンゴムシの世話からはじまる。古い野菜クズを出して、新しい野菜をちぎって入れる仕事だが、いつもその中心にいるのがけんとだ。

けんと「これ（古い野菜クズ）、全部燃えるごみにポーンって。けんと、ダンゴムシの世話ばっかりしてるんだ」
保育者「じゃ、ダンゴムシの世話係だね」
けんと「お休みの日は世話できないけどさ」

同じ活動でも、一人ひとりの子どもにとって、思いや意味が違うということをあらためて感じた。

> こうしてダンゴムシを飼いはじめて2ヵ月が経過し、17人中16人の子どもがダンゴムシ探しに夢中の日々を過ごすようになっていったと言います。
> 　もっとも、最後の一人になったともこちゃんも、興味がないのかと思えばそうではなく、「ダンゴムシ、探しに行こうよ、ダンゴムシ、探しに行こうよ♪」と口ずさんで園庭を歩き回るように、ともこちゃんなりの興味を示すようになってきたと記されています。そしてダンゴムシと子どもたちとの関係も、新しいステージに入っていくことになるのです。

第3話　赤ちゃんの誕生に出会って（6月18日〜6月28日）

> じつは、絵本の中に書いてあったダンゴムシの赤ちゃんを、栗山先生が見つけたところから、子どもたちとダンゴムシの関係は、新しい段階に入っていくことになります。その時の様子を、栗山先生は次のように記しています。

保育者「あっ！　これ、そうだ、動いてる」
けんと「みんなに教えてあげよう！」
しずか「みんなに見せてくる。みーんーなー！　おいでー！」
くみこ「なに〜？」
保育者「赤ちゃん、動いてるでしょ」
けんと「生まれたんだよ」
保育者「見えるかな？」
えりか「虫メガネ持ってくれば？」
保育者「そうだね、虫メガネ借りてこようか？」

ダンゴムシを虫眼鏡で見た。「いた〜」「赤ちゃ〜ん」「でっかく見えた」と興奮がみんなに伝わっていく。自分で見ると他の人にも教えたくなり、遊んでいる同じクラスの友達を呼びに行き、交代しながら見た。さらにみんなで事務室に持っていって、この大発見を他の先生たちにも知らせた。

最初の赤ちゃん発見！ 虫眼鏡でたしかめる（6月）

「見て、見て！ 赤ちゃん生まれてる！」（6月）

加藤先生「よく見つけたね〜、よく見えるね、これで見ると」
園長先生「見せて見せて。それがそうなの、初めて見た。本当だ、ちっちゃ〜い。すごいね、赤ちゃんが生まれたんだ。ねぇ、ダンゴムシって赤ちゃんで生まれるの？ それとも卵で生まれるの？」
くみこ「卵で生まれる」
園長先生「そうだね、卵で生まれてくるんだよね」
くみこ「哺乳類だから」（違っているけど、言葉をよく知ってる）

　子どもたちは何人もの保育者に見せた。誰もが驚き、興味を持ってくれるので、どんどん周りの人に声をかけ、その反応をうれしそうに見ていた。

　保育者の発見から始まったとはいえ、実際に赤ちゃんダンゴムシを発見し、それを保育者たちに知らせていくことで、ダンゴムシと子どもたちとの関係は、大きく変化していくことになるのです。実際、翌日からは子どもたちのほうがダンゴムシの赤ちゃん探しに夢中になっていくのですが、最初に発見して保育者の所に跳んできたけんと君のことが、次のように記録されています。

けんと「先生！ 見て見て！！ 赤ちゃん生まれてる！」
　けんとが、手を広げると、仰向けになったダンゴムシが中央にいて、その周りに無数の白くて小さいダンゴムシが次から次へと這い出していた。
保育者「本当だ、すごい……」
けんと「あのね、けんとね、メスだってわかって、それでね、裏にしたらね、赤ちゃん出てきたんだよ」
保育者「よく見つけたね、みんなに見せよう」

　前日から、メスのダンゴムシをひっくり返して赤ちゃんダンゴムシを探していたけんとは、その努力が実った形になり、「メスだってわかって……」という言葉を、繰り返し語っていた。早い時期からダンゴムシに夢中で、絵本で知り、実際に目で見て、触って確かめて、そしてまた調べてと、多様な体験を重ねたうえでの大発見。目を輝かせて「メスだってわかって」と語るけんとは、とても誇

らしげだった。

> 実際、誕生したばかりの赤ちゃんダンゴムシの発見は、子どもたちとダンゴムシとの関係に、変化をもたらしたようです。ただダンゴムシを捕まえるだけだった子どもたちが、絵本で知ったことを目の当たりにしたとき、それまで眠っていた知的好奇心に、まさに火が付いた感じでいろんな不思議に向き合うようになっていったのです。

第4話　ダンゴムシと子どもたちとの深い関係 (6月29日〜)

ダンゴムシとの関係を心の支えに

> 変わったのは、ダンゴムシと子どもの関係だけではありません。
> 登園時、なかなか親と別れることができなかったりかこちゃんが、ダンゴムシの力を借りて、少し変化した場面が、次のように記録されています。

このところ、登園時の別れ際、泣きべそになるりかこは、今日も母の足にしがみついて離れないでいた。しかしながら手に木の皮を持っていたのを見て、声をかけてみた。

保育者「あれ、それ木の皮でしょ、もしかしてダンゴムシにあげるの？　私も来るとき大きい枯葉見つけて拾ってきたんだよ。一緒にダンゴムシにあげにいこうか？」
りかこ母「ホラ先生と同じだ、よかったね〜」
保育者「じゃ、お仕度したら行こうね」

りかこは、母とすっきり別れることが出来た。そしてこの後、しばらくは木の皮を持って登園して来るようになる。そして前日入れた木の皮を見て、

りかこ「まだ食べてない？　りかこちゃんの？」
保育者「食べたみたいだよ、ホラこのへん」
りかこ「そうだよ」

少し得意そうな顔になっていた。

> りかこちゃんにとってダンゴムシにあげる木の皮は、母親と別れる必須アイテムとして、しばらくの間、機能していたようです。ダンゴムシと自分と保育者との関係を、「木の皮」を支えにつくりだしていくことができたのも、それまでにりかこちゃんの中に形成された、ダンゴムシとの近い距離感があってのことなのでしょう。

にんじん、すごい食べます！

> ダンゴムシの歌を歌ったり、「ダンゴムシ、ねてるかなー？」と、「ダンゴムシ探しごっこ」のような関わりから入ったともこちゃんも、この頃になると、積極的にダンゴムシの世話をするようになってきたといいます。同じように積極的に関わることの少なかったさゆりちゃんやりかこちゃんといっしょに、ダンゴムシの餌であるニンジンをもらいに行く場面が、次のように記録されています。

ダンゴムシはにんじんが大好き。「すげ〜、すご〜、もうボロボロだよ」

今日も、ダンゴムシが食べたにんじんが、小さく薄くなっている。

保育者「にんじん、これはすごいわ」
さゆり「またあげないとね」
保育者「そうだね、誰かもらってきてよ」

でもさゆりは、行きたそうだが、今までは見ていただけなので、ひとりでは不安なようだ。そこへ部屋からともこが出てきて、ダンゴムシの家を覗く。

ともこ「うわー、ダンゴムシ、かわいーい」
さゆり「ともこちゃん、一緒にエサもらいに行こう」
ともこ「行く！」

ともこが来たことで、さゆりが先頭に立ち、調理室に行くきっかけとなった。友だちが一緒だと心強いようだ。しばらくして二人は満足そうな顔で戻ってきて、保育者にクズ野菜を見せる。

保育者「ありがとう、ともこちゃんも一緒にあげよう」

ともこ「『にんじん、すごい食べます』って言った」
保育者「じゃ、ふたりでわけっこしてね」
りかこ（様子を見ていて）「りかこちゃんもやりたい」
ともこ「にんじん、ともこちゃんがにんじん！」

ケンカになってしまい、保育者が仲裁に入って、ともこにさゆりやりかこにも分けてもらった。

> このように3歳児の興味・関心のレベルはバラバラで、皆が同じペースで、同じことに関心を持つことはないのです。お互いに刺激しあいながら、それでも自分の中で不思議だと思い、可愛いと思わないかぎり、3歳児の心は動いていかないのです。
> こうしたそれぞれの子どもの「育ちの物語」の一コマを、栗山先生は「みてみてコーナー」という壁新聞で子どもたちに公開していましたが、併行して学びあう3歳児には、こうした取り組みも、かなり有効に機能したのだと思います。

赤ちゃんは2歳

> こんなにいろんなことに興味を示し、図鑑に書かれた内容をそのまま自分の知識にしていく、そんな賢い3歳児ですが、それでも3歳児の知性は、時に主観的で、時に自信に満ちた過ちで彩られているから面白い……。世話をして大きくなったダンゴムシを見ての、保育者と子どもたちとの会話です。

保育者「ダンゴムシみんな大きくなったよね」
まさし「もう、2歳なんじゃない」

しげる「3歳だよ」
あきら「赤ちゃん、いっぱいだね、大きくなってお兄ちゃんになったみたいだね」

> たった数ヵ月しか飼っていないのに、2歳だ、3歳だと言っている姿が面白いのですが、ここも3歳児に余計な説明（説教）は不要です。「大きくなった」ことの意味を、自分の知っている言葉でつなげていくのが3歳児なのです。
> もちろん、言葉だけではありません。ダンゴムシの世話をする3歳児たちは、世話の仕方もけっこう乱暴だったりするのです。そんな子どもたちが、経験を重ねながら、だんだん変わっていく点に、3歳児保育の面白さがあるのです。

エサのキャベツを大量に抱えてきたひろしは、「ダンボールの家」や「飼育ケースの家」のフタをあけると、大きいままのキャベツの葉をボンボン放り込んでいた。

保育者「ひろちゃん、赤ちゃんの部屋にも入れてあげようよ、どこだかわかる？」
ひろし「わかる」
保育者「赤ちゃん、いる？」
ひろし「いる、ホラ〜」（ちゃんとわかっていた）
保育者（にんじんを裏返して見せて）「見て見て」
ひろし「うお〜、もぐってる〜」
（にんじんに穴が線上にあいていてそこにたくさんくっついている）
保育者「にんじんの中にもぐってるね」
ひろし（新しいにんじんを手にして）「ねぇこれは？」
保育者「あげてみれば、喜ぶかな？」
ひろし「喜ぶよ〜、ハハハ（笑）食べるんだよ〜、食べてるよ」
保育者「食べてる？　どこどこ？」
ひろし「じゃ、いくよ。こうやって、クルックルッして（保育者を真似てにんじんをひっくり返してみる）。お〜かわいい〜」

> 小さな記録ですが、こうした小さな事実の中に保育の真実が潜んでいるのです。ただ、キャベツを放り投げるだけのひろし君が、保育者をまねてにんじんを「クルックルッ」とする変化の中に、小さな「育ちの物語」を感じる力が保育者には求められているのでしょう。そしてそこで発見した、小さな「育ちの物語」を記録しておくことで、初めて子どもの育ちが客観化されることになるのです。

第5話　ダンゴムシとの別れをめぐって（10月28日〜11月24日）

> さて、こうして8ヵ月間飼育してきたダンゴムシですが、寒くなってくると、ダンゴムシがいつもの所にいなくなってきたのです。そこで飼っていたダンゴムシをどうするか話し合いをしたというのですが、その時の記録が次のように記されています。25分間話し合った、一部を紹介します。

「ダンゴムシの家」を部屋に持ってきて、ケースの中から死んでいるダンゴムシを出して、子どもの手の上に乗せる。

くみこ「あー、本当だ、死んでる」
しげる「本当に死ぬこともあるんだよ」
保育者「死ぬこともあるんだよね」
しずか「あっ！ これ生きてる」
（ケースの中を覗く）
りかこ「ねぇ、動いているやつは？」
保育者「あー、動いてるのもいるわ、よかったー」（案外生きているのが多くて保育者もほっとする）
りかこ「ねぇ、動いているのちょうだい」
保育者「あー、赤ちゃんも死んでいる」
くみこ「生きているのがいい」
しげる「生きているのがいい、やっぱ」
あきら「あっくんも生きているのがいい」
まさし「生きているの持ちたい」

とみんなで「生きているのがいい」コールが続く。

保育者「私だって生きているのがいいよ、でもね寒くなってきたらさ」
まさし「死んじゃう」
保育者「だんだん死んでるのが多くなるよね」
まさし「だから、もうちょっと土入れる」
保育者「なるほどね、でも、こんなに小さなケースで、いっぱい土入れたけどさー」
まさし「じゃ、こんなに入れればいいじゃん」（両手を広げる）
保育者「そうか、でもそんなに入れたら、ここ（ケース）より大きくなっちゃうでしょ」
まさし「じゃ、もっと大きいところに入れればいいじゃん」
保育者「でも、そんなに大きい入れ物はないよ」
しげる「でもね、お外にね、ずっと乾かしたら、だんだん暑くなってね、生きていけるんだよ」
保育者「お外って、あのお外？」（庭を指す）
しげる「だって今、冬なんだもん」
保育者「そうだね、ダンゴムシ土がいっぱいある外に返す？」
まさし「もっと広い土に戻す？」
しげる「えっ違う。このケースさ、ちょっと穴が空いてるから（空気穴のこと）寒そうだから、ここ全部穴があいてないところにしたら死なないよ」
保育者「いつも、これ（防虫シート）やってるんだけどね」
まさし「これ、あっても寒いよ」
あきら「死んじゃったダンゴムシは元のところに戻したら？」
保育者「死んだのは戻すのね、生きてるのはどうする？」
りかこ「あのさ、寒くないところに入れればいいじゃん」
まさし「ホール！」
多数の子「あったかいところ（コール）」
ただし「神様に雨降らないようにお願いしたらいいね、生きていられるように」
りかこ「あのね、雨降った時にはね、隠れていれば死なないよ」
しげる「違うよ、暖かいところに入れたら、ここ穴のあいてないところにいたら、寒くなって、春になって、夏になってね。元に戻せばいいんだよ」

次々に自分の思いを話していた。今まで一番ダンゴムシとの関わりが多かったくみこや

けんとは言葉が少ない。とくにくみこは不安そうな顔をしていた。話しあいをすすめていたのは、しげるとまさしとりかこだった。最初は何を言おうとしているのかわからなかったが、どうもケースに土をたくさん入れて蓋の穴を塞いで室内で飼い、暖かくなるのを待てばいいという考えのようだ。

> 最終的には、一部のダンゴムシをケースに残し、あとは全て土の中に戻すことにしたのですが、25分もの話し合いのあと、ダンゴムシを土に還す作業に最後まで関わったのがくみこちゃんだったといいます。そしてこの場面を記録した栗山さんは、この時に感じたことを、次のように記しています。

感想：
　「ダンゴムシの家」を囲んで、ずいぶんいろいろな話をした。
　ダンゴムシを自然に返したいというニュアンスで話をすすめようとする保育者に対して、しげる、りかこ、まさしが一生懸命このまま育てることを主張し、保育者を説得しようとしていた。その攻防戦（？）の過程で保育者は「そんなに返したくないんだ」という思い（クラスの子どもの総意というわけではないが）をあらためて感じとり、ケースのダンゴムシを残すことに決めた。
　一方、ほとんど何も言わずにその場にいたくみことけんとの表情が心に残った。ダンボールの中のダンゴムシを土に返した後、くみこはひとりで飼育ケースのダンゴムシの世話をしていた。けんとは、「でかくなったから、逃がしたの？」と聞いてきた年長児に対して、「違う！　だってぜんぜんにんじんを食べなくなったから……」と答えていた。誰よりもダンゴムシを大切にしていた二人だからこそ、くみこは「ダンゴムシがいなくなっちゃう」ということをとても悲しく思い、けんとは「寒くなって死んでいくかもしれないダンゴムシ」のことを真剣に考えていたのだと思う。
　クラスの部屋の中で冬越しすることになったダンゴムシはどうなるのか？　保育者自身が関心を持って見ていくことで、子どもたちの興味が細々とでも持続してくれ、春を迎えられるといいなと思う。

以上が、ダンゴムシと過ごした３歳児17名の「保育実践の物語」です。

　こうして記録を整理した後、最後に挑戦しなければならない課題が、一つだけ残されています。けっきょく「この実践から何を、どのように一般化できるのか」という問いに答えていく課題です。何といってもこうした課題にチャレンジして初めて、保育者の「直感的応答力」と「概念的知性」とを結びつけることが可能になってくるのですから。自分ならこの実践をどう理論化するか、ぜひ考えてみてください。

記録を書き続けて思うこと　栗山ゆう子

　鉄棒の下にシートを広げて「家」を作る遊びを始めた３歳児の記録の一部を紹介します。

　《Aが鉄棒のネジを「ピンポン」と押すとBが「どうぞ」と応えた》《Cはシャベルでネジを回しながら「先生、今鍵開けるからね」と言った》《Dはバケツに大型シャベルを全部入れ、「これは傘、雨が降ったら貸してあげるね」と言って砂遊びの子には貸してくれない》《Eは木椅子を積み上げた中にバケツを入れ「これ冷凍」、上にはシャベル２本で×印「乗ったらいけないってこと」と教えてくれた》これらは、１ヵ月間の別の場面での出来事です。

　そんなある日、鉄棒の周りに６枚のシートが敷かれ、冷蔵庫、傘立て、靴箱、テーブルと椅子、赤ちゃんの布団などが並びました。６人の子どもがごっこ遊びをする「家」の間取りや家具が、私の目に浮かびました。さらにFが「何がいい？」と注文を聞きにきて、砂場でケーキをつくっていたGの所から出前を始めました。

　このようにエピソードの点と点がつながり、仲間の広がりが見えたとき、私は「波がきた！」と感じます。日々の記録は、小さな出来事ですが、その積み重ねの中に大きな流れにつながる伏線が隠れていることがあり、それに気づいた時「あの出来事」を書きとめておいてよかったと思います。また、記録を書きながら少しの時間振り返る（雑感を書く）ことで、遊びや子どもに対する私のかかわり方が変わり、それが遊びを発展させることになると考えるようになりました。

　記録を書くことは、私にとって最も大切にしたい明日の保育のための準備になっています。

「小さな物語」を「大きな物語」へ

保育実践の物語2

ひまわり組のおたのしみ会
―子どもとつくる保育実践のおもしろさ―

実践者　庭山宜子

　年長・ひまわり組になった子どもたちが、「ひびけ！　宇宙まで」（柚 梨太郎作詞・作曲）の替え歌づくりに取り組んだことをきっかけに、自分たちがやりたいことを、自分たちの力で取り組んだ1年間の記録です。

　特別に大きなイベントに取り組んだというわけではありませんが、気持ちいいくらい自分たちで決め、自分たちで計画を立ち上げていく、そんな年長児に育っていく過程を、記録から読み取ることができます。

第1話　全ての始まりは「ひびけ！　宇宙まで」の替え歌づくりから

先生、また何か考えてるんでしょ！

　全ての始まりは「ひびけ！　宇宙まで」の替え歌づくりにあったのですが、それも担任の庭山先生が好きな歌だったことと、子どもたちと一緒に替え歌を作ってみたかったという、ただそんな理由から開始された活動だったのです。

　5月7日に2番の歌詞を作ったことに始まり、6月15日に5番の歌詞ができるまで、1ヵ月以上かけて替え歌づくりは続けられていったのですが、4番の歌詞ができる頃には、子どもたちは自分たちの歌に、すっかり満足な様子をみせるようになっていました。

　「仲間づくり」をテーマに4番の歌詞をつくっているとき、庭山先生の頭の中にはあと一つ、つくってみたいテーマが浮かんでいたのです。そのあたりのやり取りが、次のように記録に残されています。

保育者「先生もう一つつくってみたいと思う歌があるんだ」
子ども「えっ～」「なに？」
あいか「先生、また何か考えてるんでしょ！」
保育者「そうなんだ」
なおみ「今度は何考えてるの」
保育者「うん、あのね、元気が出るような"がんばるぞ"って思える歌をつくってみたいんだ」
あいか「あっ、そういうことね」
けいこ「いいね」
保育者「食事の時間になっちゃったから、後

> ♪ひびけ！　宇宙まで♪
> 　　　　　（替え歌・ひまわり組バージョン）
> 1　みんなで声合わせて　あいうえお
> 　　空気をいっぱい吸い込んで　あいうえお
> 　　おなかの底から元気良く　あいうえおおお
> 　　みんなでいっぱい歌おうね　あいうえお
> 　　小さな声を小さな声をあわせよう
> 　　ひびけ宇宙まで　あいうえお
> 2　森からちょうちょが飛んでいくあいうえお
> 　　お花がいっぱい咲いている　あいうえお
> 　　動物たちも集まって　あいうえおおお
> 　　歌って踊って嬉しそう　あいうえお
> 　　小さな声を小さな声をあわせよう
> 　　ひびけ宇宙まで　あいうえお
> 3　ご飯を食べずにお菓子ばっかりなにぬねの
> 　　嫌いなものは食べません　なにぬねの
> 　　野菜を食べずに肉ばかり　なにぬねののの
> 　　ご飯を食べずに遊んでばかり　なにぬねの
> 　　小さな声を小さな声をあわせよう
> 　　ひびけ宇宙まで　なにぬねの
> 4　やさしい気持ちになれません　なにぬねの
> 　　仲良くしないでケンカばかり　なにぬねの
> 　　約束守れずメチャクチャばかり　なにぬねののの
> 　　ないしょ話に仲間はずれ　なにぬねの
> 　　小さな声を小さな声をあわせよう
> 　　ひびけ宇宙まで　なにぬねの
> 5　みんなで手と手をつなぎましょう
> 　　がんばるぞ
> 　　力いっぱい最後まで　がんばるぞ
> 　　まちがえちゃってもいいんだよね
> 　　がんばるぞぞぞ
> 　　みんなで一緒に力を合わせ　がんばるぞ
> 　　小さな声を小さな声をあわせよう
> 　　ひびけ宇宙まで　がんばるぞ

でみんなで考えてみてね」

　そのまま食事の支度に入ったのですが、手洗いをしているとき、かずし君が私に言ってきたのです。

かずし「まちがえちゃってもいいんだよね。もう一回やればいいんだよね」
保育者「そうだよね。何かをやってみたいとか、いろんなことに挑戦してみたいって思うから"がんばろう"っていう歌をつくってみたいんだ。かずし君の考えてることを後でみんなに話してくれる？」

> 　そしてその日の午後、かずし君の「まちがえちゃっても、もう一回やればいいんだよね」という言葉を皮切りに、5番の歌詞をみんなでつくっていったというのです。
> 　こうして1ヵ月かけてつくった自分たちの歌を歌う子どもたちは、ちょっと得意げで、すごく気持ちよい雰囲気で、歌い続けていったといいます。

おたのしみ会もやりたいもんね（第1回おたのしみ会）

> 　5番まで歌詞をつくって3日後の6月18日、いつものように「ひびけ！　宇宙まで」を歌っていると、しんじ君の言葉をきっかけに、思わぬ方向に話が展開していったといいます。

しんじ「発表会みたいに、お母さんたちにも歌ってあげるといいね」
けいこ「そうだね、発表会でね」

保育者「でも発表会まではずいぶんあるし、プールあそびがあって運動会があってそれからだもんね」
れいこ「おたのしみ会もやりたいもんね」
保育者「れいこちゃん、おたのしみ会ってどういうの?」
れいこ「お兄ちゃんの学校でやってて、家でマジックとか練習して、みんなの前でやって見せてあげるの」
かなえ「あっ、マジックなら家にある」
かずし「僕もマジックある。もってこようか?」
保育者「あー、そういうマジックじゃなくて、ねぇ、れいこちゃん」
れいこ「練習して見せてあげるマジックなんだけど……」
保育者「マジックって、手品のことなんだよね」
かずし「あー、そういうのか。それならテレビとかで見たことある」
(みんなも「あー、そうか」「知ってるよ」と納得。)
保育者「じゃあ、みんなでやってみる?」
子どもたち「いいよ」

第1回おたのしみ会に向けてポスターづくり

この後の話し合いで、「第1回おたのしみ会」を6月26日にすることが決定したのですが、残された日は1週間しかありません。その間に、歌の練習、ポスターの作成と、やらなければならないことを皆で出し合っていったといいますが、さらに前日の6月25日には、最終的な打ち合わせを次のようにしたと記されています。

保育者「明日10時から始めるんだけど、その前にどんな準備をしたらいいかな?」

けいこ「うたの練習!」
りりこ「台(舞台)の準備は?」
れおん「大勢来るから、部屋を広くする」
しんじ「広くするためには、どうやってするのかな?」(なおみちゃんと二人で何やら相談をしています。)
なおみ「ホール使う?」
かずし「部屋をきれいにする」
かなえ「テーブルとかなくす」
れおん「ままごとコーナーとか片づける」
みずえ「先生たちがテーブル片づけて、子どもたちがイス片づける」
きよし「先生たちだけじゃ大変だから、子どもたちもやらなくちゃ!」
かずし「早く寝て、早く起きて、早く来る!」
ひろこ(小さな声で)「ゴザにすわればいい。お客さんたくさんだから」
かよこ「イスはうしろに並べることにしない?」
しずか「積み木で台をつくれば?」
こうた「並び方も決めなくちゃね」

ということで、翌日はみんな早く登園し、9時15分から部屋をきれいにし、テーブル

を廊下に出し、台を作り、客席を整え、飾りをして10時に開始と、当日のスケジュールも子どもたちが決めていったというのですが、当日の朝は、それまで見せたことのない表情で、テキパキと準備する子どもの姿があったと庭山先生は記しています。それまでの準備の過程で、やはり普通の日に仕事を休んでみんなのお父さん・お母さんに聞かせるのは無理ということになり、けっきょくお客さんは3・4歳児を中心にということになったのですが、当日は次のように進んでいったと記されています。

「これからおたのしみ会を始めます。『ひびけ！ 宇宙まで』を歌います」

元気に楽しく歌うことができました。最初よりも、もっとたくさんの拍手をもらってホッと安心したのか、どの子も素敵な笑顔でした。「やったね！」という満足感と達成感に満ちあふれていました。

プール掃除が終わり、給食の時の子どもの会話。

れいこ「お客さんがいっぱいで、どこ見ていいか迷ったよ」
えりこ「昨日休みだったけど、今日治って、できてよかった」
かよこ「かよちゃんドキドキした」

> 自分たちの歌を聞いてほしいという願いから始まった、ささやかな「おたのしみ会」ですが、5歳になった子どもにとって、「大人が決めて、子どもがやる活動」と、「子どもが決めて、子どもがやる活動」との違いについて考えさせられる記録です。

第2話　紙芝居づくりから「第2回おたのしみ会」へ（9月25日〜11月11日）

> 秋の運動会で年長が担当する入退場門も、「ひびけ！ 宇宙まで」の替え歌に登場する「森からちょうちょが飛んでいく」のイメージにしようということになり、つくって部屋に置いておくと、子どもたちはそのそばで絵本を読んだり、絵を描いたり……。そんな中、「紙芝居つくりたくなってきた」とこうた君が話し出したことをきっかけに、「第2回おたのしみ会」が企画されていったというのです。

保育者「今度はどんなお話にするの？　題名はもう決まってるの？」
こうた「うん、決まってるよ」
保育者「そうなんだ、教えてよ」
こうた「虫のプラネタリウム」

運動会まであと4日。ひよこグループの4人は、給食を食べながら、なにやら楽しそうに話をしています。

こうた「また紙芝居つくりたくなってきた」

「ひびけ！ 宇宙まで」の替え歌をイメージした入退場門をつくります

「これからわたしたちのつくった紙芝居をはじめます。楽しんでください」

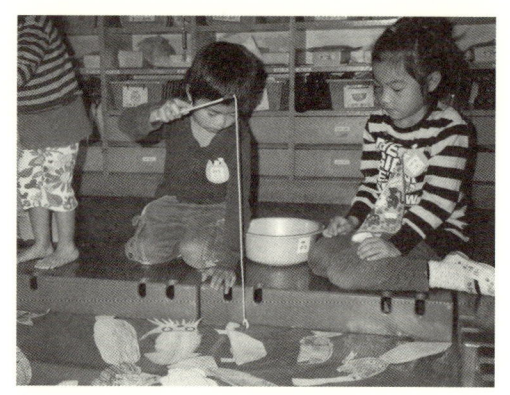

「ちゃんと釣れるかたしかめてみよう」

保育者「そうか楽しみだな〜、出来上がったらまた見せてね！」
こうた「いいよ！　森の図書館でやるの、いいよね〜」
りりこ「ああ、図書館にお話タイムってあるもんね」
れおん「そうだね」
りりこ「りーちゃんもまたつくろうっと」

　さっそく、二人は紙芝居づくりを開始。運動会はすぐそこまで近づいてきているのに大丈夫かなと心配になるのは、保育者だけ。しかし"やりたい！"と思ったら、夢中になる姿を見て、思わず「可愛い！」と感激してしまうのは、担任馬鹿でしょうか。

> と、こんな感じで紙芝居づくりが始まると、参加するメンバーも増えていき、担任としても「何とか紙芝居タイムを実現させてあげたい」という雰囲気になってきて、紙芝居をつくっている子どもたちに話を持ちかけていったと言います。

保育者「森の図書館紙芝居タイム、いつやろうか？　じつは、おたのしみ会の2回目をやって、そこでさかな釣りゲームをやりたいって言ってる友だちがいるんだ。紙芝居タイムと両方やったらって言ってるんだけどどうかな」

「どうする？」「いいんじゃない！」「やってみる？」などと相談した結果、「いいよ〜！」と元気な返事が返ってきました。さっそくいつにしようかと相談。

保育者「まだ出来上がってないから、つくる時間があって、練習する時間があって、すぐにはできないよね」
なおみ「なおちゃん、まだ言葉考えてない」
ひろこ「ひろも、まだ色ぬってないし」

　そこで、両方のメンバーが集まって話し合いが始まりました。カレンダーを見ながら、結局11月11日となり、さっそくクラスのみんなに報告しました。

> 紙芝居づくりに勤しむ二つのグループに併行して、「さかな釣りゲームをやりたい」というれいこちゃんを中心に「さかな釣りゲーム」の準備も進められていき、「第2回おた

> のしみ会」はこの二本立てで準備が進められていったのですが、そんな中、10月23日にまた新しい動きが始まっていったというのです。

　園庭で竹馬をして遊んでいたいくこちゃんとれいこちゃんが、急に寄ってきて話し出した。

れいこ「竹馬大好きクラブつくったから」
保育者「竹馬大好きクラブって何？」
れいこ「竹馬好きな人が、練習するの。ねっ！　いくちゃん」
　いくこちゃんはニコニコしています。

保育者「はい、わかりました。がんばってください」
いくこ「おたのしみ会の２回目でやるから」

> ということで、急きょ「竹馬大好きクラブ」の発表を加えて、「第２回おたのしみ会」は３つのグループで進められることになったといいます。あいにく当日は雨が降って、「竹馬大好きクラブ」の発表は出来なかったのですが、それでも２回目ということもあり、準備はすっかりお手の物。自分たちで企画して、自分たちで発表して、みんなを喜ばせることが楽しくなっていった、ひまわり組の子どもたちでした。

第3話　仲間を感じ、仲間と一緒に（第3回おたのしみ会）

> その後、発表会で「森のたんけんたい」の創作劇を成功させ、いろんなことを自分たちでつくりだす心地よさを実感していくのですが、そんな中、やり残していた「竹馬大好きクラブ」の発表を求める声が、子どもたちから起こってきたのだといいます。その時のことを、庭山先生は次のように記しています。

　夕方、園庭で遊んでいると、れいこちゃん、いくこちゃん、なおみちゃん、まゆみちゃんが相談を始めました。そっと近づいて話を聞いてみると、次のおたのしみ会の相談らしいのです。

なおみ「いつ竹馬大好きクラブやる？」
れいこ「そうだね。前のおたのしみ会で、次にやることになってたしね」
まゆみ「おたのしみ会やる？」
いくこ「いいね、いいね。でも、いつやる？」
保育者「どうしたの？」（聞いていなかった振りをして）
いくこ「竹馬大好きクラブのこと」
まゆみ「おたのしみ会」
保育者「それだったら、竹馬大好きクラブの人を呼んで話し合えばいいのに」

　さっそくみんなを呼んで部屋に入り、カレンダーの前で相談が始まり、１月18日（金）に決まりました。

> こうして発表の日を決め、子どもたちは練習を開始していったというのですが、１月11日の練習風景が、いつもと違う雰囲気なのです。聞いてみると、音楽に合わせて「竹馬ダンス」をするんだとか……。さらに「おたのしみ会」の開催を、クラスの仲間に発表したとき、予想していなかったことが起きたのです。その時の様子が、次のように記録されています。

各クラブのポスターも目立つようにステキに仕上げます

「なわとびがんばるくらぶ」のですよ〜！

舞台つくって、客席つくって……子どもたちみんなで設営です

　給食の前に、竹馬大好きクラブのメンバーが、18日におたのしみ会を行うことを、クラスのみんなに報告しました。

けいこ「けいこも何かやってみたいな」
保育者「けいこちゃん、何やってみたいの」

けいこ「なわとびかな」
みずえ「私もフラフープやってみたい」

　2人の発言に、「ぼくも」「わたしも」とみんなも続いて言い出したのです。そこで、やりたいもの同士が集まって「なわとびがんばるクラブ」と「フラフープぐるぐるクラブ」が結成されました。まさかこんな展開になるとは、予想もしていなかったことです。楽しみだな〜。

はやと「ぼく、できないけど、挑戦してみようかな」

　いつもなら、苦手なことは誘われてもなかなか気が進まないはやと君が、自分からやってみようと思い「フラフープぐるぐるクラブ」に仲間入りをしました。本当にびっくりです。

> 　ということで3つのクラブの発表となり、残された1週間を練習に明け暮れる日が続いていったといいます。最終的にはすべての子どもが何かのクラブに入り、全員が参加するおたのしみ会になっていったのですが、当然のことながらその間にも、いろんなドラマが立ち上がってくるのです。「竹馬ダンス」がなかなかうまくいかないひろこちゃんのことを、庭山先生は次のように紹介しています。

　登園後すぐに竹馬ダンスチームが練習を始めました。今日はどこを舞台にするのか、お客さんが座る席はどうするのかという議論から始まって、実際に会場をつくってみることになりました。まず舞台の位置を決めることになりました。

162

小さいお客さんの前で、さっそうと

みんな、いっぱい練習したから、上手く乗れますように

りりこ「お客さん畳とござにする？」
れいこ「畳持ってきて！」
　みんなで客席を作ってみると、イメージが湧いてきたようです。
れおん「これでいいかな？」

　さあダンスの練習始まりです。竹馬を並べて、ステップの確認。本格的になってきた……。
（ダンスチームのメンバーは、りりこちゃん・ひろこちゃん・れおんちゃん・まゆみちゃん・なおみちゃんの5人。れいこちゃんといくこちゃんは先生だそうです。まるで運動会の時の担任のように、みんなが見える位置にしゃがんでいます。）

> こうして練習は佳境に入り、練習する子どもたちも懸命になってきたというのですが、給食前の片づけの時に、竹馬を握りしめて怒った顔で立っているひろこちゃんの姿が……。そこで展開されたひろこちゃんと庭山先生とのやりとりは、次のようなものだったといいます。

保育者「どうしたのひろこちゃん？」
ひろこ「……」

保育者「何か気に入らないことがあって、怒ってる？」
ひろこ「……」
保育者「嫌なことがあって怒ってるんだよね？」
ひろこ「……」
　（あっ！　もしかして…。きっとそうだ！）
保育者「ひろこちゃん、もっと竹馬上手になりたくて、悔しいと思って怒ってる？」

　すると、ひろこちゃんの目から大粒の涙がポロリ。そして次の瞬間、「わあーっ」と泣き出したのです。毎日毎日練習してきたひろこちゃん、やっと立てるようになったけど、なかなか一歩が踏み出せなくて、どうにも抑えられなくなっちゃったんですね。
　そんな姿を見ていたまゆみちゃんが、そっとひろこちゃんの側に来て言ったのです。

まゆみ「ひろこちゃん、一緒にがんばろう！」

　その瞬間、ひろこちゃんの表情がさっと変わって……。「えっ、あの涙はどこへいった

の？」という感じで二人仲良く手をつなぎ、部屋に戻っていったのです。

その日の夕方、ひろこちゃんはまゆみちゃんと練習して、5歩歩けるようになりました。さっそく迎えに来たおとうさんに見せていました。

じつはまゆみちゃんも、れいこちゃんといくこちゃんがずっと一緒に練習に付き合ってくれて、歩けるようになったのです。まゆみちゃんは誰よりもひろこちゃんの気持ちを理解していたのだと思います。自分が体験した、実感した"いい気持ち"を友だちに分けてあげたのだと思います。まゆみちゃん、ありがとう。先生もとっても"いい気持ち"になれて、嬉しかったな。ひろこちゃん、よかったね！

> もちろん、そんなドラマは他のクラブの中でも起きていったのですが、勝手にクラブ活動を始め、勝手に練習し、勝手に発表していく子どもたちの姿に、たくましさのようなものを感じないではいられません。そして1月18日に実施された「第3回おたのしみ会」は、3回目ということもあり、準備から終わりまで、すっかり自分たちの手でやり遂げていったと記録には書かれています。

第4話　前のひまわりさんがやらないことやるんだから、すごいでしょ

> さて、ひまわり組の「第3回おたのしみ会」はこうして無事終了し、懸案だった「竹馬大好きクラブ」の発表も実現したわけですが、1ヵ月後の2月13日と14日には、ひまわり組が中心になってすべての園児やクラスの保護者と一緒に遊ぶ、園行事としての「おたのしみ会」が予定されていたのです。
>
> そこで子どもたちに提案すると、「おたのしみ会」のイメージが次から次へと出てくるのです。その時の話し合いの一部を紹介することにしましょう。
>
> 話し合いの前日、「やっぱりママ達に歌を聴いてもらったり、いろんなこと見せてあげたいんだよな～」と言っていたしんじ君の気持ちも活かしたいと考えながら話し合いに臨んだ庭山先生ですが、当のしんじ君はかなり緊張気味なのです。（1月29日）

どんなことをやりたいのかな、と提案するといろいろなことが出てきました。話し合いの結果決まったものは、遊園地のようなもの（ゴルフ・電車・まとあて・おみやげ）とおばけやしきでした。

そして内容のイメージがほぼ固まった後で、しんじ君に聞いてみました。

保育者「しんじ君どうする？」

昨日はあんなにはりきっていたしんじ君なのに、なぜか元気がない。

保育者「昨日しんじ君が言ってたこと。ずっとママたちに"おたのしみ会"を見てもらいたいって考えてたでしょ。もう一度、しんじ君の話を聞いてくれるかな？」

子どもたち「うん」「いいよ～」

保育者「しんじ君みんなに話してごらんよ。しんじ君が自分で話すのが、いいと思うよ」

しばらく考えて、みんなのほうにゆっくり振り向いて、ガチガチに緊張しながら、しんじ君は口を開いた。

しんじ「みんな賛成してくれる？」
子どもたち「いいよ」「OK！」「やろうよ」

　すると、これをきっかけに、さらにいろんな願いが語られるようになってきたのです。

れいこ「今度は、なわとびやってみようかな」
まゆみ「まゆも、なわとびに挑戦してみようかな」
ともか「ともちゃん、フラフープやってみたい」
ゆうき「なわとびできなかったからやる！そうだ、鉄棒とかもいいね」
とうま「鉄棒…うん、いいね」
えみこ「竹馬もやりたいし、フラフープも。足治ったからやりたいな～」
たいち「たいちはフラフープにしようかな」
きよし「ぼくは、お休みだったから（3回目のおたのしみ会のとき）、なわとびやってみたい」

　子どもたちの要望が強く、けっきょく、遊園地とお化け屋敷のイベントと、クラブの発表との二部構成で「おたのしみ会」をすることになり、それからイベントの準備と発表の練習とで、大忙しの毎日になっていったといいます。5つのグループに分かれて企画・準備を進めていったということですが、その中の一つ、ゴルフグループの準備の様子を、少しだけ紹介しておくことにしましょう。全体のイメージを共有するため、イメージ図を描いたときの記録です。

＜ゴルフグループ＞
　えりこちゃんときよし君は背景に富士山を

子どもたちがつくったゴルフ場はお母さんたちにも大好評

描きました。
かずし「海が見えるゴルフ場なんだよ」
かずや「ゴルフのボールは入るところに旗あるよね」
えりこ「あー、そうだね」
きよし「富士山見えるんだよ、富士山描いたの」
保育者「海が見えて、富士山が見えるゴルフ場か……」
きよし「それって、どこにあると思う？」
ひろと「茨城とか（お父さんの田舎が茨城でよく海に行っているので）、他にはどこかな？」
保育者「それは静岡のゴルフ場かな？　先生はそれくらいしか思いつかないな」
ひろと「えっ！　静岡」
えりこ「そうなんだ」
保育者「新幹線乗ってると、海と富士山が見えてくるんだよね。電車グループの人たちに聞いてみるといいよ。きっと良く知ってると思うよ」

　それぞれのグループが、自分たちのイメージを出し合い、工夫をして当日を迎えたということですが、もちろんこれまでの経験も

> あって、準備はすっかり手慣れたもので、発表も誇りに満ちたものだったそうです。

```
 9：00   登園
         発表の準備と練習
 9：30   第4回おたのしみ会（発表）
10：00   各コーナーに分かれて（Ⅰ）
         〈大人が遊ぶ時間〉
10：40   各コーナーに分かれて（Ⅱ）
         〈子どもが遊ぶ時間〉
11：00   片付け
11：30   終了
```

> そして前半のクラブの活動発表（第4回お楽しみ会）が終わった後、面白いことが起きたのです。そのあたりのことは、庭山先生の文章で見ることにします。

　最後のグループ竹馬大好きクラブの発表が始まると、「あれっ？」。舞台の横で、ぽっくりを練習している子が……。そうです。すみれ組のそら君とゆうと君です。「まさか」「本気なんだ」「やる気なんだ」。クラブをやりたいと言ってきたものの、その後一緒に遊んでいる様子もなかったので、あまり気にしていなかったのですが、本人たちは本当にやりたいと思っていたのですね。園庭で発表をしている様子を見て、急いで支度を始め、自分たちの順番を待っていたのです。

保育者「実は、すみれ組のそら君とゆうと君がぽっくりことことクラブを作りました。次は二人の発表です」

　こんな紹介の後、ぽっくりに乗って歩いてくる二人。舞台を一周して、みんなに大きな拍手をもらって、真っ赤な顔をしてそのまま退場。そして担任の元へ。飛び込むように抱っこしてもらい、またもや大きな拍手と温かい歓声に、ますます顔が赤くなってしまいました。

> 年長の子どもたちが、自発的に、生き生きと取り組むクラブ活動が、年中組の子どもたちには本当に魅力的に映ったのでしょうね。そしてその「あこがれ」の気持ちが、4歳児の心を突き動かしていったのです。

第5話　今、クラブ活動がおもしろい（第5回おたのしみ会）

> 恒例の「おたのしみ会」も余韻を残しながら無事終わり、あとは卒園式を待つのみという3月半ばになって、子どもたちの中には新しいクラブ活動を開始する要求が芽生えてきたのだといいます。それは、たいち君の次のような言葉から始まったのだといいます。

たいち母「たいち、先生に話したいことがあるんでしょ」
保育者「どうしたの？　たいち君」
たいち「……」
たいち母「もう、こままわしクラブつくりたいって、家で話してたじゃない」
たいち「……」
保育者「そうか、まあゆっくり話を聞くよ、まず朝の支度しちゃおうか」

　支度を済ませてしばらくすると、
たいち「こままわしクラブ、つくりたいんだけど、みんなにお話したいんだ」

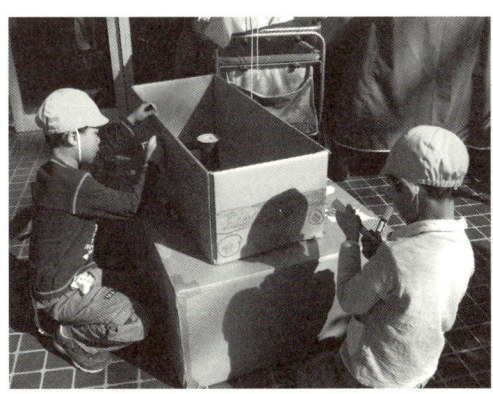

大きな段ボールで電車を制作中の「でんしゃがたんごとんくらぶ」

「新しいダンス、かっこいいでしょ！」

保育者「いいんじゃない、給食の前にみんなに話してみたらいいよ」

　たいち君だけではありません。こっちでは鉄棒メンバーが鉄棒クラブをつくろうという話になったようで、名前を考えています。
「せんせ〜い！　決まったよ！『鉄棒すご〜いクラブ』にするから」。
　そして、給食の前に、

たいち「みんなにお話したいことがあるんだけど、聞いてくれる？」
子ども「いいよ」「たいち君どうしたの？」
たいち「こままわしクラブつくりたいんだけど」
子ども「いいじゃない」「おれも入ろうかな」
こうた「電車大好きクラブつくろうかな」
なおみ「"大好き"、竹馬クラブだから、違う名前にしたら」
こうた「そうか、じゃあ、電車がたんごとんクラブにするよ。小さい子にたくさん電車作ってあげて、乗せてあげたいんだ」
かなえ「いいね〜。かなも入ろう」
こうた「調理さんに、リンゴの箱お願いしよ

うね」

> こんな感じでクラスが盛り上がる中、今度はれいこちゃんといくこちゃんを中心に、ダブルダッチクラブが立ち上がり、その発表の場として「第5回おたのしみ会」をする提案が……。けっきょく、みんなで話し合って3月28日に行うことに決定し、さらに展覧会も加わって、再度、練習と準備の毎日が続いていったといいます。もうその時には、一人がいくつかのクラブ活動を掛け持ちする状態だったのですが、そんな中、さらに「ダンスクラブ」まで新たに誕生することになってしまうのです。

　朝早く、いくこちゃんが保育者に訴えてきました。
いくこ「先生、新しいダンス教えて！」
保育者「どうしたの？」
いくこ「おたのしみ会までに、覚えてやりたいんだ」
保育者「そうか、じゃあ、何かいいの考えてみるよ」

> こんな会話をしたのが卒園式の二日前。卒園式は卒園式で大切だけど、とにかく毎日が楽しくて仕方ないといった子どもたちです。

そして取り組んだ3月28日の「第5回おたのしみ会」、その様子は庭山先生の記録で伝えてもらうことにしましょう。

「これからおたのしみ会をはじめます」 3月28日（金）

　今日が最後のおたのしみ会。いよいよ始まります。9時30分から準備と練習を始め、10時30分から「おたのしみ会」を始めることになっています。
　しかし、9時30分までに、いろいろなことがあったのです。
　園庭では昨日から、ゆうえんちごっこが盛り上がっていました。今朝も登園した子から続きを楽しんでいたのですが、はやと君、よしと君、なおみちゃん、ひろこちゃんの4人が、突然言ってきたのです。
　「先生、今日のおたのしみ会で、ゆうえんちやりたい！」
　いったいどうやってやるのか、本当に大丈夫かと思いましたが、まあそこまでいうのなら、けっこうおもしろそうだしやらせてみるかと……。すると砂場のスコップを並べて迷路を作ったり、電車の段ボールの中にいすを並べたり、タイヤの上に大きな段ボールをのせて斜めにして、その上にござを敷いてジェットコースターへと……。なかなかおもしろいアイディアです。短い時間でよくここまで考えたな〜、さすが！

=9時30分=
　それぞれのクラブに分かれて準備と練習です。

ひろと「やっぱり、ぼくもやってみようかな」
　ダンス練習を見ながらつぶやいています。
保育者「ねえねえ、ダンスの人、ひろと君がなにかいってるよ」
ひろと「ぼくも、ダンス入れて」

　急いで急いで。特訓です。特訓でも優しく教えてくれます。もっと早く言えばよかったのにね……。でも、間に合ってよかったね。
　ダブルダッチは、とにかく練習です。お互いに交代で縄を回しながら、最後の練習です。実はここにも一人、今朝メンバーになったかずし君がいます。

かずし「やりたいんだけど、無理だと思うよ」
　こんな感じで最初は自信なさそうだったのですが、やりたいと思った時がチャンス！
保育者「せっかくやりたいと思ったんだもの。やるしかない！」

　一生懸命です。必死で練習しています。そして本番前には、跳べるようになったんだよ。
　展覧会会場は大忙しです。机を並び替え、自分の作品を飾って、名前を付けて、時間はぎりぎりです。会場づくりがすんでから、ダンスなどの練習に参加していました。
　展覧会会場の一角にくじびきコーナーがあります。机といすを並べ、準備完了です。こままわしの練習も必死です。実は、ともかちゃん、ひろと君、すみれちゃん、3人ともまだ一度も回せたことがないのです。それでもやってみたい、頑張りたい、ただ一心に練習しています。

=10時30分=
　時間になりました。保育園のお友だち、お母さんたち（見に来てもいいですかと何人もの保護者が参加してくれました）が会場に集まってきました。子どもたちは、「ここにどうぞ座ってください」「はじまりますよ」と、お客さんを誘導しています。
　準備はいいかな。さあ、はじめのことばから……。
　でも、やっとみんなが並んだと思ったら、今度はたいち君がまた話し始めたのです。

たいち「やっぱり、なわとびやろうかな」
ゆうき「先生、ゆうきもやるよ」
かなえ「かなもやってみたい」

　えぇえっ……今になって？　何言ってるの。驚きです。するともう一人、

あいか「私も」
保育者「いいよ、大丈夫だよ。早く並んで」
保育者「それでは、はじめのことばどうぞ」

　「これから、おたのしみ会を始めます」
　始まりました。それから縄跳び新メンバー4人は準備です。びっくりしたな〜。

　各クラブの発表は順調に進んでいます。「こままわしいいけいけクラブ」の3人は、本番でも残念ながら回すことができなかったのですが、本当に頑張りました。会場がシーンとなって、みんな吸い込まれるように集中して、人のドキドキが聞こえてきそうなくらいでした。3人の一生懸命の気持ちが伝わってきました。
　ぎりぎりセーフの「なわとびがんばるクラブ」の4人も、緊張することなく上手に跳んでいました。

　心配だったのは「がんばれダブルダッチクラブ」です。本当のことを言えば、よくここまで頑張ったというのが感想です。本当に跳べるようになって、友だちと一緒に練習を進めてきたことが、それだけで、もうすごいことです。緊張してタイミングを外してしまったら、なかなか調子を戻すことができないので、保育者のほうが緊張してしまいました。
　縄を回すのは、もちろん保育者となおみちゃんのゴールデンペアです。みんな何度かつまずきながらも、跳ぶことができました。そしてなおみちゃんの番です。

いくこ　「いくこが回してあげる」

　なおみちゃんも跳ぶことができました。あれ？　れおんちゃんどうしてお客さんの席に座ってるの。不安な顔をしているれおんちゃん。心配でたまらないのです。

保育者「れおんちゃん、大丈夫だよ。やろう！」
保育者「なおちゃん、もう一回頼むよ」

　さあ、れおんちゃんがんばれ！　みんなの応援のまなざしが温かいです。イチ・ニ・イチ・ニ……掛け声に合わせて、れおんちゃんが飛び込んできました。やったー！　大成功！

　最後の発表は、「おどり大好きクラブ」です。曲の後半になると、会場のみんなも一緒に踊って、盛り上がりました。

＝11時00分＝
　後半は、遊園地・展覧会・くじびきです。クラブのメンバーは、自分の持ち場について、小さい子と一緒に遊んだり、案内をしています。展覧会の会場では、作品に見入っている友だちに、つくったものを説明したり、どうやってつくったのか、遊び方を教えています。ここまで丁寧に対応するんだと、ちょっと驚きでした。でもよく考えてみれば、あたりまえのことですよね。自分でつくった大事な作品です。一人でも多くの人に見てもらいたい、理解してもらいたいと思うのは、おとなも子どもも同じなのですよね。

　この日は、本当にぎりぎりまで、遊びました。もうこれ以上延ばせないという時間までたっぷり遊んで、みんな満足したようです。
　おたのしみ会は本当に楽しい！　本当に、本当に楽しい！　みんなが実感した1日でした。
　卒園式後も「最後にもう一回！」という子どもたちの願いから、5回目のおたのしみ会が実現しました。
　あと数日で保育園生活も終わりという日ま

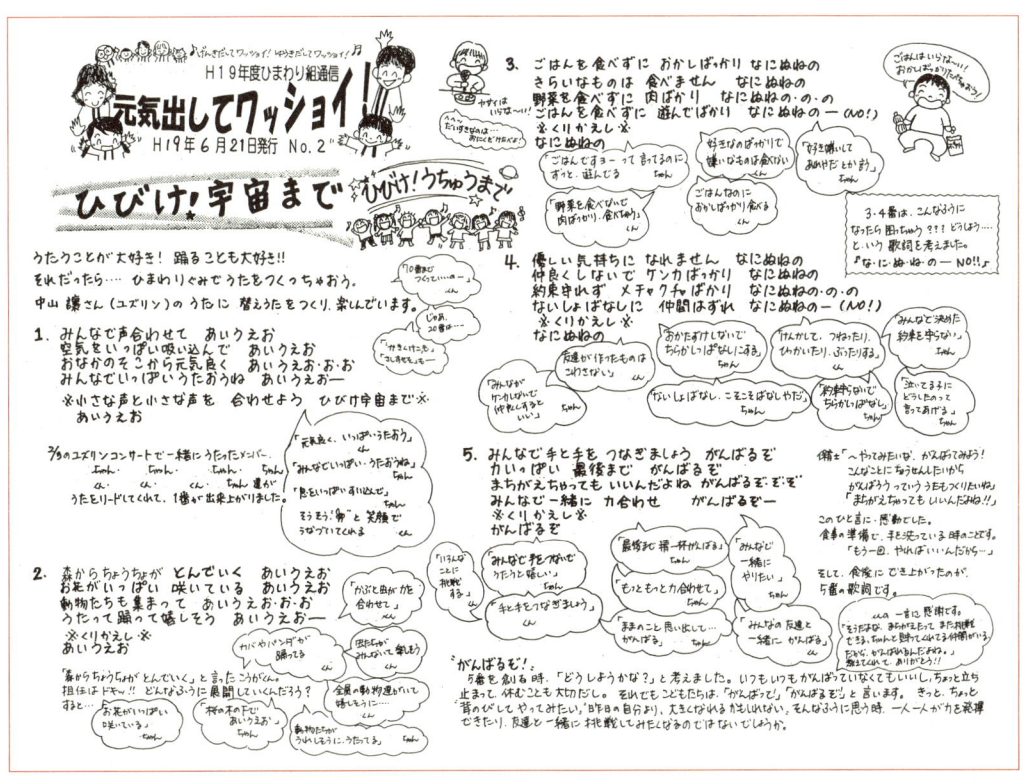

この年、ひまわり組通信は22号まで発行されました。

で、"おたのしみ会"にこだわり、常に新しいことに挑戦する子どもたちの姿には、本当に驚き感動しました。

おたのしみ会の活動だけでなく、その他にも運動会に向けての取組みや発表会での創作劇など、面白いと思うことをとことん追求してきました。友だちと一緒に協力して最後までやり遂げる充実感を感じながら、「今度は～してみよう！」と、いろいろな活動を繰り広げていくたびに、子どもたちはどんどん大きく成長していきます。私も一緒に"創ることの楽しさ"を経験することができてとても幸せです。かけがえのない日々を過ごすことができ、子どもたちに、保護者の方に、職場の仲間に、みんなに感謝しています。ありがとう！

　以上が、庭山先生とひまわり組27名が取り組んだ、1年間の保育実践記録です。
　自分たちで面白いと思ったことを、自分たちで企画して、自分たちでやり遂げていく……。4月の替え歌づくりに始まったこの実践は、子どもたちの中に生起する活動要求と、庭山先生の教育要求とが、絶妙な絡み合いを見せながら進んでいく、心地よい空気に満ちあふれた実践でした。

Chapter 6 「小さな物語」を「大きな物語」へ

171

保育実践記録は、そこで展開される保育実践の質を映し出します。保育者の保育観・子ども観を、見事なくらいはっきりと映し出します。

　本書の中で何度も強調してきたことではありますが、実践記録は、実践の反省文でもなければ、子どもの問題行動を告発する文章でもありません。子どもの中に生成する喜びと、保育実践をつくりだす面白さを文章にしたものが保育実践記録なのです。

　そしてこのように、日々書きためた「日記としての記録」を、「子どもの育ちの物語」「保育実践の物語」に整理し直したとき、そこで展開される実践の意味が、社会全体の財産へと変化してくるのです。

記録を書き続けて思うこと　庭山　宜子

　子どもたち一人ひとりのことをもっと知りたい。子どもたちのありのままの姿を保護者に伝えたい。この二つの思いから記録を書くようになりました。

　最初に始めたことは、メモを取ることです。保育中に面白いと感じた出来事も、時間が過ぎてしまうと思いだせない。なんとなくこんな感じだったかな、確かこんなこと言ってたなど、それらしい言葉は浮かんでくるのですが、何かが違う。子どもの様子をそっくりそのまま表現するためには、メモを取らなくちゃ。

　書きためたメモや写真を整理し、クラスだよりを発行し、同時に実践記録を書くようになりました。メモを読み返し、面白いと感じたことや昨日と違うと感じたことなどを記録します。保育を振り返った時や活動が一区切りついたときに記録を読み返すと、大きな流れの中で一つひとつの出来事を捉えることができたり、それまで気がつかなかったことが見えてきたりします。次は子どもたちとこんなことをしてみたい、クラスだよりにこのことも載せてみたいと考えるようになり、書くことが楽しくなってきたのです。最初から一年間の記録を書こうと意気込んでいたわけではありません。毎日の積み重ねが実践記録へとつながっていったのです。

　ひまわり組の実践を記録にまとめることで、私自身が、面白いと感じたことをとことん追求することの楽しさを実感することができました。今でもあの時のことを思い出すだけでワクワクドキドキしてきます。これからも子どもたちと一緒に歩んでいきたい。この実践を振り返り、改めてそう感じました。

●あとがき

　条件反射の研究で有名なパブロフが、科学における理論と実践（事実）の関係について、次のように語っています。
　「鳥の翼がどんなに完全であるとしても、空気なしで鳥を飛び上がらせることはできません」
　ここでパブロフが言う「鳥の翼」は理論を意味し、「空気」は実践（事実）を意味しているのですが、このパブロフの言葉は、保育実践の理論を生業とする私にとっても重い言葉でした。
　『対話的保育カリキュラム（上・下）』（ひとなる書房）を著した時から、その実践編として「記録」の本を出さなければと思っていました。空気がなければ鳥が飛び立てないように、実践記録を書く実践が広がっていかなければ、「対話的保育カリキュラム」の理論は最後まで飾り物になってしまうからです。
　しかしながら、この作業は、考えていた以上に大変な作業でした。実際に保育者が記録を書く実践を抜きにして、この本を書くことはできなかったからです。
　実際、この本が形になるまでに、本当にたくさんの実践記録に出会ってきました。そこには、記録を書く保育者たちの誠実な姿とともに、子どもと保育にかける保育者たちの真摯な姿がありました。
　飯田市保育協会私立保育部会の保育者たちが書いた記録から、多くのことを学びました。共立福祉会、白百合会、和光会、あらぐさ福祉会、虹旗社等で継続的に取り組んできた園内（法人内）研究会では、たくさんの実践記録を基に学びあう園内（法人内）研究の可能性を学ばせていただきました。また、和光幼稚園・和光鶴川幼稚園の実践研究からは、プロジェクトの実践記録について考える機会をもらいました。
　いや、それだけではありません。この本に実名入りで紹介させていただいた保育者はもちろんのこと、保育者としての自己変革を目指すべく、積極的に学びの場に足を運び、実践記録を書き続けてくれた全国の保育者たちとの出会いがなければ、この本を書くことはできなかったと思います。
　そんなステキな保育者たちに、「ありがとう」と言わせていただきます。

2014年7月1日　加藤繁美

シナリオ型記録を書いてみよう

タイトル

加藤　繁美（かとう　しげみ）

1954年広島県生まれ。名古屋大学大学院教育学研究科博士前期課程修了
山梨大学名誉教授

＜主な著書＞
『保育と文化の新時代を語る』共著、童心社、1999年
『しあわせのものさし』ひとなる書房、1999年
『これがボクらの新・子どもの遊び論だ』共著、童心社、2001年
『子どもへの責任』ひとなる書房、2004年
『保育者の現在──専門性と労働環境』共著、ミネルヴァ書房、2007年
『対話的保育カリキュラム上・下』ひとなる書房、2007年・2008年
　（2010年日本保育学会保育学文献賞受賞）
『対話と保育実践のフーガ──時代と切りむすぶ保育観の探究』ひとなる書房、2009年
『子どもと歩けばおもしろい──対話と共感の幼児教育論』ひとなる書房、2010年
『0歳〜6歳　心の育ちと対話する保育の本』学研教育出版、2012年
『子どもとつくる保育・年齢別シリーズ』監修、ひとなる書房、2016年
『保育・幼児教育の戦後改革』ひとなる書房、2021年

「記録に取り組んでみて」（p.28、33、69、94）
　　協力：白百合乳児保育園（横浜市）／第二白百合乳児保育園（横浜市）／丸山台保育園（横浜市）／
　　　　　荻窪北保育園（東京都杉並区）

●装幀　　　　山田道弘
●カバーイラスト　セキ・ウサコ
●本文イラスト　セキ・ウサコ（1〜3章及び扉）
　　　　　　　山岡小麦（4〜5章及び見出しカット）
●組版　　　　リュウズ

実践力アップシリーズ3
記録を書く人　書けない人
楽しく書けて保育が変わるシナリオ型記録

2014年8月1日　初版発行
2023年4月25日　9刷発行

著　者　加藤　繁美
発行者　名古屋 研一

発行所　㈱ひとなる書房
東京都文京区本郷2-17-13
広和レジデンス
電　話 03-3811-1372
ＦＡＸ 03-3811-1383
E-mail：hitonaru@alles.or.jp

Ⓒ 2014　印刷／中央精版印刷株式会社　　＊落丁本、乱丁本はお取り替えいたします。